民航货物运输

主 编 彭莹 何晓林

副主编 李晓荣 何明宇 陆元元

中国财富出版社有限公司

图书在版编目（CIP）数据

民航货物运输／彭莹，何晓林主编 . —北京：中国财富出版社有限公司，2022.4
ISBN 978 - 7 - 5047 - 7692 - 1

Ⅰ . ①民… Ⅱ . ①彭… ②何… Ⅲ . ①民航运输 - 货物运输 Ⅳ . ①F560. 84

中国版本图书馆 CIP 数据核字（2022）第 064962 号

策划编辑	黄正丽	**责任编辑** 白 昕 赵晓微	**版权编辑**	李 洋
责任印制	尚立业	**责任校对** 杨小静	**责任发行**	敬 东

出版发行	中国财富出版社有限公司			
社　　址	北京市丰台区南四环西路 188 号 5 区 20 楼		**邮政编码**	100070
电　　话	010 - 52227588 转 2098（发行部）		010 - 52227588 转 321（总编室）	
	010 - 52227566（24 小时读者服务）		010 - 52227588 转 305（质检部）	
网　　址	http：//www. cfpress. com. cn		**排　版**	宝蕾元
经　　销	新华书店		**印　刷**	宝蕾元仁浩（天津）印刷有限公司
书　　号	ISBN 978 - 7 - 5047 - 7692 - 1/F · 3424			
开　　本	787mm × 1092mm　1/16		**版　次**	2023 年 12 月第 1 版
印　　张	12.75		**印　次**	2023 年 12 月第 1 次印刷
字　　数	249 千字		**定　价**	36.00 元

前　言

民航业是我国经济社会发展中的战略产业。自改革开放以来，我国民航货运规模不断扩大，民航货运服务质量稳步提高，经济效益和社会效益都更加显著。民航业的快速发展，对民航货运领域的相关从业人员提出了新的要求。

本书编者以提升职业能力为出发点，针对相关岗位的人才培养目标，采取校企合作的方式共同开发和编写教材，目的是培养学生的业务操作能力。其创新之处在于以下两个方面。

第一，岗位导向，任务驱动。本书编者基于"岗位导向，任务驱动"的理念进行教材编写，对多家民航货运企业进行多次调研，并多次召开教研讨论会议，归纳和分析民航货运领域的典型工作任务和工作流程，践行"工学结合，理实一体"。

第二，图文并茂，贴近实务。本书以图文并茂的形式展示教学内容，直观且形象地介绍相关的知识点和技能点，这些知识点和技能点贴近民航货运实务，因此，本书不仅可以作为专业课程教材，还可以作为相关企业的员工培训教材。

本书由 7 个项目、17 个任务组成，具体包括民航货物运输认知，国内普通货物航空货运，国内鲜活易腐货物航空货运，国内贵重货物航空货运，国际普通货物航空货运，国际特种货物航空货运，航空邮件及包机、包舱、包集装器运输等内容。

本书由成都工贸职业技术学院彭莹和何晓林担任主编，李晓荣、何明宇和陆元元担任副主编，王容平担任主审。参与编写的人员还有成都工贸职业技术学院李潇、徐龙闪及北京络捷斯特科技发展股份有限公司张群艳等。各章节具体分工如下：项目一、项目二由彭莹编写，项目三、项目四由何晓林编写，项目五、项目六、项目七由李晓荣、何明宇、陆元元、李潇、徐龙闪和张群艳共同编写。

1

在编写本书时，编者查阅、参考和引用了许多相关的资料，在此一并对这些资料的作者表示深切的谢意。限于编者水平，书中难免存在不妥之处，敬请广大读者提出宝贵意见和建议，以便进一步修订和完善。

编　者

2023 年 2 月

目　录

项目一　民航货物运输认知 ·· 1

任务一　民航货物运输基础认知 ·· 1

任务二　民航货物运输设施设备认知 ···································· 14

项目二　国内普通货物航空货运 ·· 27

任务一　国内普通货物收运 ·· 27

任务二　国内普通货物出港 ·· 46

任务三　国内普通货物进港 ·· 60

项目三　国内鲜活易腐货物航空货运 ······································ 71

任务一　国内鲜活易腐货物收运 ·· 71

任务二　国内鲜活易腐货物进出港 ······································ 83

项目四　国内贵重货物航空货运 ·· 91

任务一　国内贵重货物收运 ·· 91

任务二　国内贵重货物进出港 ·· 101

项目五　国际普通货物航空货运 ··· 108

任务一　国际普通货物收运 ··· 108

任务二　国际普通货物出口 ··· 123

任务三　国际普通货物进口 ··· 136

任务四　货物不正常运输与索赔 ······································· 148

项目六　国际特种货物航空货运 ············· 160

　任务一　国际活体动物航空货运 ············· 160

　任务二　国际危险品航空货运 ············· 171

项目七　航空邮件及包机、包舱、包集装器运输 ············· 179

　任务一　航空邮件运输 ············· 179

　任务二　包机、包舱、包集装器运输 ············· 188

参考文献 ············· 195

项目一 民航货物运输认知

任务一 民航货物运输基础认知

任务目标

同学们，本节将带领大家进行民航货物运输基础知识相关内容的学习，学习结束后你们需要达到以下目标。

知识目标	1. 了解航空货物运输的基础知识 2. 了解航空货物运输涉及的关键组织与法律公约 3. 掌握航空区划的界定
技能目标	1. 能够从相关官网收集民航货运信息 2. 能够分析三种航空货运市场的特点 3. 能够辨识 IATA 航空区划
素养目标	1. 具备良好的沟通能力和团队合作精神 2. 能够利用互联网准确收集并总结有用信息

任务描述

长风道通国际货代有限公司（以下简称长风道通货代），是长风集团旗下全资子公司，成立于 2008 年，总部设在北京，2010 年年底通过中国民用航空局（以下简称民航局）审定，2011 年 1 月正式获得民航局颁发的运行许可证书，现拥有 13 架大中型全货机。

长风道通货代主营基地设在北京大兴国际机场，同时在深圳、昆明、天津等地设有运营基地，业务涵盖国际、国内航空货邮运输业务及相关服务业务，为全球客户提供综合性物流解决方案和运输配送服务。公司以北京、昆明、深圳为枢纽，先后开通数十条国际航线，海外业务不断扩展，截至 2019 年 12 月底，海外业务已拓展到 40 个国家中的 223 座城市，共设 438 个网点，海外员工人数已超过 1.7 万，积累了丰富的货机运行和保障经验。

2020 年 5 月，长风道通货代事业部招聘了一批物流相关专业的毕业生，事业部姜经理对该批员工进行了以民航货物运输基础认知为主题的培训，培训结束后姜经理要求该批员工对培训内容进行汇报。

任务要求

请依据任务描述中姜经理的要求，查询资料，并汇报培训内容，汇报内容包括以下五个方面。

（1）航空货物的运输形式。

（2）航空货运市场细分。

（3）航空货运的运输指标。

（4）航空货运相关的关键组织与法律公约。

（5）航空区划。

任务实施

步骤一　整理航空货物的运输形式

长风道通货代事业部的新员工根据姜经理的任务要求，开始着手整理关于航空货物运输形式的内容，通过收集资料得到以下信息。

航空货物运输（也称航空货运）不仅包括空中运输，还包括与之相关的部分地面运输。其运输形式一般有以下六种，且承运人与托运人或货主之间必须达成运输协议才能交运或受理。民航飞机如图 1-1-1 所示。

1. 普货运输

普货运输指对运输、装卸、保管等环节无特殊要求的普通货物进行的运输。具体指除急件运输、特种运输、包机运输、包舱运输、货主押运之外的普通货物运输。

2. 急件运输

急件运输指按照托运人要求，以最早的航班或在限定的期限内将货物运达目的地

图 1-1-1　民航飞机

而进行的运输。该种运输形式须经承运人同意才能受理，因为该种运输形式通常需要预订吨位。

3. 特种运输

特种运输指对在收运、储存及交付过程中，因本身的性质、价值、体积或重量等条件需要特殊处理的货物进行的运输，如鲜活易腐货物运输、活体动物运输、贵重货物运输、危险品运输等。

4. 包机运输

托运人包用整架飞机的吨位运送货物的运输形式称为包机运输。

5. 包舱运输

托运人包用飞机的部分吨位（货舱）运送货物的运输形式称为包舱运输。

6. 货主押运

由于货物的性质特殊，在运输过程中需要托运人派专人随机专门照料、监护运送的运输形式，称为货主押运。

步骤二　认识航空货运市场细分

进行市场细分是市场开发、制定运价和组织生产的基础，一般可分为特定地理区域的市场细分、特定时期的市场细分及特定消费行为的市场细分。长风道通货代事业部的新员工根据航空货运市场的主要特点，分析客户选择航空货运方式的动机，将航空货运市场进行细分，具体内容如表1-1-1所示。

表1-1-1 航空货运市场细分

序号	航空货运市场分类	特点	货物类型
1	急件、快件货物运输市场	客户对货物有紧急需求，需要把货物以最快的速度运达目的地	商业信函、核心生产部件、救援物资等
2	常规鲜活易腐货物运输市场	价值与时间密切相关的货物，对运输速度要求较高	鲜花、水果、海鲜等
3	常规非鲜活易腐货物运输市场	大部分货物是常规非鲜活易腐货物，损坏率、丢失率低，但对库存周转率有一定要求	精密仪器、生活用品等

⊕ 小贴士

航空货物运输的特点

航空货物运输与其他运输方式相比，有其自身特有的优势，如运送速度快、破损率低、安全性好、空间跨度大、节省生产企业的相关费用等；但也存在一些劣势，如运价比较高、载量有限、易受天气影响等。

步骤三　分析航空货运的运输指标

运输指标对于航空货运来说至关重要，需要注意的是，航空货运过程中通常利用全客机、全货机、客货混合机的货舱运送货物，因此，航空货运的运输指标会涉及旅客运输相关内容。长风道通货代事业部的新员工总结航空货运的运输指标如下。

1. 运输周转量

运输周转量是衡量运输部门或运输企业一定时期内运输工作量的指标，是考核运输任务完成情况、计算运输成本和劳动生产率的重要根据，同时也是制订运输计划的基础数据与基本指标。运输周转量分为货邮周转量和旅客周转量两种，计算公式如下。

货邮周转量 = 货邮运输量 × 货邮运输距离

$$旅客周转量 = 旅客运输量 × 旅客运输距离$$

2. 旅客运输量

旅客运输量是指一段时期内运送旅客的数量。

3. 货邮运输量

货邮运输量是反映交通运输部门同其他国民经济部门相互联系的主要指标，是衡量交通运输部门运输业务量大小的主要指标。

4. 旅客吞吐量

旅客吞吐量是指一段时期内乘坐飞机进出航空港的旅客数量。

5. 货邮吞吐量

货邮吞吐量是指一段时期内经由飞机装载进出航空港并经过装卸的货邮重量。

6. 航班客座率

航班客座率能反映飞机利用程度，是衡量航班效益的重要指标。

7. 航班载运率

航班载运率能反映飞机载运能力的利用程度，是合理安排航班、调整航班密度的重要依据。

步骤四　了解关键组织与法律公约

长风道通货代事业部的新员工通过查阅相关资料，了解到保障航空运输行业健康、有序发展的关键组织与法律公约如下。

1. 关键组织

（1）国际民用航空组织。

国际民用航空组织（International Civil Aviation Organization，ICAO），该组织是促进全球民航安全发展，并制定各种民航技术标准和航行规则的国际组织，其图标如图 1 - 1 - 2 所示。

图 1 - 1 - 2　国际民用航空组织图标

　　长风道通货代事业部的新员工通过登录国际民用航空组织官方网站，了解到 ICAO 的宗旨和目的如下。

　　①确保全世界国际民用航空安全和有序发展。

　　②鼓励发展以和平用途为目的的航空器的设计和操作技术。

　　③鼓励发展国际民用航空的航路、机场和航行设施。

　　④满足全世界人民对安全、正常、高效、经济的航空运输的需要。

　　⑤防止因不合理竞争造成经济上的浪费。

　　⑥保持各缔约国的权利得到充分尊重，各缔约国均有经营国际航线的公平的机会。

　　⑦避免各缔约国之间的差别待遇。

　　⑧促进国际航行的飞行安全。

　　⑨促进国际民用航空在各方面的发展。

　　（2）国际航空运输协会。

　　国际航空运输协会（International Air Transport Association，IATA），该组织是世界航空运输企业自愿联合的非政府性的国际组织，其图标如图 1 - 1 - 3 所示。

图 1 - 1 - 3　国际航空运输协会图标

长风道通货代事业部的新员工通过登录国际航空运输协会官方网站，了解到 IATA 的宗旨如下。

①为了世界人民的利益，促进安全、正常和经济的航空运输，扶持航空交通，并研究与此有关的问题。

②为直接或间接从事国际航空运输工作的各空运企业提供合作的途径。

③与国际民用航空组织及其他国际组织协力合作。

（3）国际货运代理协会联合会。

国际货运代理协会联合会（International Federation of Freight Forwarders Associations，FIATA），该组织是一个非营利性国际货运代理的行业组织，其图标如图 1 – 1 – 4 所示。

图 1 – 1 – 4 国际货运代理协会联合会图标

长风道通货代事业部的新员工通过登录国际货运代理协会联合会官方网站，了解到 FIATA 的宗旨和任务如下。

①联合全世界的货运代理业。

②代表、促进和保护行业利益，作为顾问或专家参加处理运输问题的国际机构的会议。

③通过传播资讯、派发刊物等方式，让工商界及广大群众认识货运代理所提供的服务。

④制定和推广统一的货运文件、标准贸易条件等，使货运代理的服务质量标准化，提高货运代理的服务质量。

⑤协助货运代理人进行职业培训、处理责任保险问题、提供电子商务工具。

（4）中国航空运输协会。

中国航空运输协会（China Air Transport Association，CATA），该组织是依据我国有关法律规定，经中华人民共和国民政部核准登记注册，以民用航空公司为主体，由企、事业法人和社团法人自愿参加组成的、行业性的、不以营利为目的的全国性社团法人，其图标如图1－1－5所示。

图1－1－5　中国航空运输协会图标

2. **法律公约**

航空货运中较有影响力的国际法律公约有《国际民用航空公约》（也称《芝加哥公约》，1944年签订）、《统一国际航空运输某些规则的公约（1929）》（也称《华沙公约》，1929年签订）；我国航空货运相关的法律规范主要有《中华人民共和国民用航空法》（以下简称《民用航空法》）、《中国民用航空货物国内运输规则》（以下简称《民航货物国内运输规则》）。

⊕ **小贴士**

货运手册

在从事航空货物运输，尤其是国际航空货物运输的时候，不可避免会涉及对航空货物运输相关资料、手册的使用和查询。

1. 航空货物运输手册

航空货物运输手册（The Air Cargo Tariff，TACT），主要提供与航空运输相关的货运业务信息。为方便使用，该手册包括规则手册（TACT Rules）和运价手册（TACT Rates）。

（1）规则手册。

航空货物运输规则包括总则（General）、规定（Regulation）和操作程序（Operation）等内容，是航空货物运输的核心。规则手册包含以下内容。

①一般常识介绍（General Information）。包括 IATA 区域、城市代码、机场代码、公司代码、缩略语代码等内容。

②收运（Acceptance for Carriage）。包括托运人文件、货物接收、预订吨位、无法交付货物的处理等内容。

③运费（Transportation Charges）。包括普通货物运价、指定商品运价、等级货物运价、非公布直达运价、运费使用顺序、最低运费等内容。

④服务及其他运费（Services & Related Charges）。包括垫付费、保费、制单费、危险品运输费等内容。

⑤付费方式和货币换算（Payment Method & Currency Conversion）。包括货币换算、运费预付货物费用支付方式、运费到付货物费用支付方式、其他支付手段等内容。

⑥航空货运单（Air Waybill）。主要包括航空货运单的内容和填制格式。

⑦各国规定（Information by Countries）。包括运费到付、出入境进口等有关规定。

⑧承运人特殊规定（Carriers Special Regulations）。

（2）运价手册。

运价手册主要是公布世界各国所使用的航空货物运价。

①北美运价手册（Rates——North America）：纸张为绿色，主要涉及美国、加拿大及墨西哥等北美国家和地区的航空货物运输服务收费标准。

②世界运价手册（Rates——Worldwide）：纸张为红色，包括除北美国家和地区以外的全球范围内航空货运费用的规定和标准。

2. 《航空货物运输指南》

《航空货物运输指南》是集中了世界各大航空公司货物运输航班时刻表和运价等信息的月刊，对于航空公司、货运代理人和托运人来说，能够很方便地查询和使用。

通常，可以查到以下内容。

①国际航空运输协会相关信息。

②国际时间换算表。

③银行和公众节日。

④全球航空公司及其代码。

⑤城市/机场代码。

⑥飞机代码。

⑦航线。

⑧航班时刻表等。

步骤五　明晰航空区划

1. IATA 的航空区划

IATA 将全球分为 Area TC1、Area TC2、Area TC3 三大区，一般称为 IATA 一区（TC1）、IATA 二区（TC2）、IATA 三区（TC3）。

长风道通货代事业部的新员工做了以下整理和区分。

（1）IATA 一区（TC1）。

IATA 一区（TC1）业务分区范围如表 1-1-2 所示。

表 1-1-2　　　　　　　　　IATA 一区（TC1）业务分区范围

分区	分区详情
北美	CA 加拿大；MX 墨西哥；PM 圣皮埃尔和密克隆；US 美国
中美	BZ 伯利兹；CR 哥斯达黎加；GT 危地马拉；HN 洪都拉斯；NI 尼加拉瓜；SV 萨尔瓦多
加勒比海地区	AI 安圭拉；AN 荷属安的列斯；AG 安提瓜和巴布达；AW 阿鲁巴；BB 巴巴多斯；CU 古巴；DO 多米尼加；DM 多米尼克；GD 格林纳达；GP 瓜德罗普；JM 牙买加；KN 圣基茨和尼维斯；KY 开曼群岛；LC 圣卢西亚；MS 蒙特塞拉特；MQ 马提尼克；HT 海地；TC 特克斯和凯科斯群岛；TT 特立尼达和多巴哥；VC 圣文森特和格林纳丁斯；VG 英属维尔京群岛
南美	AR 阿根廷；BO 玻利维亚；BR 巴西；CL 智利；CO 哥伦比亚；EC 厄瓜多尔；GF 法属圭亚那；GY 圭亚那；PA 巴拿马；PE 秘鲁；PY 巴拉圭；SR 苏里南；UY 乌拉圭；VE 委内瑞拉

（2）IATA 二区（TC2）。

IATA 二区（TC2）业务分区范围如表 1-1-3 所示。

表 1 - 1 - 3　　　　　　　　　　IATA 二区（TC2）业务分区范围

分区	分区详情
欧洲	AL 阿尔巴尼亚；AD 安道尔；AM 亚美尼亚；AT 奥地利；AZ 阿塞拜疆；BA 波黑；BE 比利时；BY 白俄罗斯；BG 保加利亚；CH 瑞士；CY 塞浦路斯；CZ 捷克；DE 德国；DK 丹麦；DZ 阿尔及利亚；EE 爱沙尼亚；ES 西班牙（包括巴利阿里群岛和加那利群岛）；FI 芬兰；FR 法国；GB 英国；GE 格鲁吉亚；GI 直布罗陀；GR 希腊；HU 匈牙利；HR 克罗地亚；IS 冰岛；IE 爱尔兰；IT 意大利；LV 拉脱维亚；LI 列支敦士登；LT 立陶宛；LU 卢森堡；ME 黑山；MK 北马其顿；MT 马耳他；MD 摩尔多瓦；MA 摩洛哥；MC 摩纳哥；NL 荷兰；NO 挪威；PL 波兰；PT 葡萄牙（包括亚速尔群岛和马得拉群岛）；RO 罗马尼亚；RU 俄罗斯联邦（西）；SE 瑞典；SM 圣马力诺；SK 斯洛伐克；SI 斯洛文尼亚；TR 土耳其；RS 塞尔维亚；TN 突尼斯；UA 乌克兰
非洲	中非次区：MW 马拉维；ZM 赞比亚；ZW 津巴布韦。 东非次区：BI 布隆迪；DJ 吉布提；ER 厄立特里亚；ET 埃塞俄比亚；KE 肯尼亚；RW 卢旺达；SO 索马里；TZ 坦桑尼亚；UG 乌干达。 南非次区：BW 博茨瓦纳；LS 莱索托；MZ 莫桑比克；NA 纳米比亚；SZ 斯威士兰；ZA 南非； 印度洋岛屿：KM 科摩罗；MG 马达加斯加；MU 毛里求斯；RE 留尼汪；SC 塞舌尔。 西非次区：AO 安哥拉；BF 布基纳法索；BJ 贝宁；CD 刚果（金）；CM 喀麦隆；CV 佛得角；CF 中非；CG 刚果（布）；CI 科特迪瓦；GA 加蓬；GH 加纳；GM 冈比亚；GN 几内亚；GQ 赤道几内亚；GW 几内亚比绍；LR 利比里亚；ML 马里；MR 毛里塔尼亚；NE 尼日尔；NG 尼日利亚；ST 圣多美和普林西比；SL 塞拉利昂；SN 塞内加尔；TD 乍得；TG 多哥。 利比亚：LY 利比亚（注：利比亚属于非洲国家，但不属于上述中非、东非、南非、西非次区）
中东	AE 阿联酋；BH 巴林；EG 埃及；IL 以色列；IQ 伊拉克；IR 伊朗；JO 约旦；KW 科威特；LB 黎巴嫩；OM 阿曼；QA 卡塔尔；SA 沙特阿拉伯；SD 苏丹；SY 叙利亚；YE 也门

（3）IATA 三区（TC3）。

IATA 三区（TC3）业务分区范围如表 1 - 1 - 4 所示。

表 1 - 1 - 4　　　　　　　　　　IATA 三区（TC3）业务分区范围

分区	分区详情
东南亚	BN 文莱；CN 中国（不含中国香港、中国澳门、中国台湾）；HK 中国香港；MO 中国澳门；TW 中国台湾；FM 密克罗尼西亚联邦；GU 关岛；ID 印度尼西亚；KG 吉尔吉斯斯坦；KH 柬埔寨；KZ 哈萨克斯坦；LA 老挝；MH 马绍尔群岛；MM 缅甸；MN 蒙古；MP 北马里亚纳；MY 马来西亚；PH 菲律宾；PW 帕劳；RU 俄罗斯联邦（乌拉尔山以东）；SG 新加坡；TH 泰国；TJ 塔吉克斯坦；TP 东帝汶；TM 土库曼斯坦；UZ 乌兹别克斯坦；VN 越南

分区	分区详情
南亚次大陆	AF 阿富汗；BD 孟加拉国；BT 不丹；IN 印度；MV 马尔代夫；PK 巴基斯坦；NP 尼泊尔；LK 斯里兰卡
日本、韩国、朝鲜	JP 日本；KR 韩国；KP 朝鲜
西南太平洋	AS 美属萨摩亚；AU 澳大利亚；CK 库克群岛；FJ 斐济；PF 法属波利尼西亚；KI 基里巴斯；NC 新喀里多尼亚；NR 瑙鲁；NU 纽埃；NZ 新西兰；PG 巴布亚新几内亚；SB 所罗门群岛；TO 汤加；TV 图瓦卢；VU 瓦努阿图；WF 瓦利斯和富图纳；WS 萨摩亚

2. 中国国内航空区划

中国国内航空运输具有广阔的活动空间，划分为华北区、西北区、中南区、西南区、华东区、东北区、新疆区。

🏠 任务评价

请根据实际学习情况，给自己打个分吧！

序号	评价内容	满分（分）	得分（分）
1	了解航空货物运输的特点	10	
2	掌握航空货物的运输形式	10	
3	了解航空货运市场细分	10	
4	掌握航空货运中运输指标的内涵	10	
5	了解 TACT 的内容	10	
6	了解国际航空运输相关法律公约	10	
7	能够根据所学知识分析航空区划	10	
8	具备强烈的团队合作精神，积极参与小组活动	10	
9	具备遵守各种行为规范和操作规范的意识	10	
10	具备运用批判策略和创造策略从多方面考虑问题的能力	10	
	合计	100	

任务二　民航货物运输设施设备认知

任务目标

同学们，本节将带领大家学习民航货物运输设施设备认知的相关内容，学习结束后你们需要达到以下目标。

知识目标	1. 了解航空货物运输中的集装化运输 2. 认识常见的航空器 3. 掌握航空货物的放置方法
技能目标	1. 能够掌握集装器的种类 2. 能够判断货物装机是否需要加垫板 3. 能够通过集装器代码识别集装器的信息
素养目标	1. 具备良好的沟通能力和团队合作精神 2. 能够利用互联网准确收集并总结有用信息

任务描述

长风道通货代事业部入职的新员工经过一个月的培训，已经可以工作了，但工作内容比较基础，以收集信息、提供数据为主。在接下来的半个月里，他们将主要协助装机人员安排货物装机，具体内容包括判断货物装机是否需要加垫板、记录集装器的数据等。长风道通货代事业部接到了以下两个任务。

一是有一批散装货物到达，长风道通货代事业部的新员工需要判断该批货物装机是否需要加垫板。货物信息如表 1 - 2 - 1 所示。

表 1 - 2 - 1　　　　　　　　货物信息

货物	重量	尺寸（长×宽×高）	适合机型	翻转情况
A	200kg	60cm×50cm×30cm	波音 757 型宽体机下散货舱	不允许翻转
B	128kg	2ft×1ft×2ft	波音 757 型宽体机下散货舱	不允许翻转
C	240kg	60cm×30cm×60cm	波音 757 型宽体机下散货舱	不允许翻转

续 表

货物	重量	尺寸（长×宽×高）	适合机型	翻转情况
D	70kg	1ft×1ft×2ft	波音 757 型宽体机下散货舱	不允许翻转
E	180kg	35cm×45cm×55cm	波音 757 型宽体机下散货舱	允许翻转

注：1ft≈30cm；1ft≈0.3m。

二是长风道通货代刚购买一批代号为 PAP2334CA 的集装器，新员工们需要获取该集装器的类型、尺寸及外形与飞机的适配情况信息，填写表 1-2-2。

表 1-2-2　　　　　　　　　　　　**PAP2334CA 集装器信息**

集装器代号	类型	尺寸	外形与飞机的适配情况
PAP2334CA			

任务要求

如果你是长风道通货代事业部的一名新员工，请依据任务描述内容完成相关任务。

任务实施

步骤一　了解航空货物运输中的集装化运输

长风道通货代事业部的新员工经过培训了解到以下信息。

航空货物运输中的集装化运输，是指将一定数量的货物、邮件、行李在合理装卸的条件下，按同一流向集合装入集装箱或装在带有网套的集装板上作为运输单元运往目的地的一种运输方式。

小贴士

集装化运输的由来

货物、邮件、行李以前一直被散装在客机货舱或小型货机上，直到 20 世纪 60 年代中期，所有的空运货物还都采用散装方式运输。引入大型货机后，如 DC-8 和波音 707，若继续采用散装方式，则需要花费很长时间进行货物装卸。为了解决该问题，更好地处理大体积、大批量货物的运输，人们认识到了把小件货物集装成大件货物的重要性，将货物按一定的流向装入集装器（集装箱或集装板）内进行装卸。采用集装器进行装卸的运输就是集装化运输。集装器被视为飞机构造中可拆装的一部分。因此，无论在什么时候集装器都应该处于良好的工作状态。在设计和制造这些集装器时，要极其准确和标准，使集装器确实变为飞机的一个部件，便于整装整卸。

航空货物运输中的集装化运输具有以下特点。

①减少货物装运的时间，提高工作效率。航空货物运输中，传统的装运操作方式是从仓库将货物通过拖斗车运到停机坪，再将每件货物分别装上飞机。集装化运输条件下，使用集装器运输的货物，通过平台车被迅速装上飞机，其装运时间减少。

②减少货物周转次数，缩短地面等待时间，提高货物完好率。以集装化运输替代散件装机，货物装卸过程简化为装入集装器和卸下集装器两个环节，货物装卸次数减少，飞机停场时间缩短，有利于提高飞机利用率。同时，降低了货物破损的可能性。

③减少差错事故，提高运输质量。采用集装器，工作人员有充裕的时间组织地面运输工作，提前按货物的到达站和种类进行集装，成组装机或卸机，减少了发生差错事故的可能性。

④节省货物的包装材料和费用。集装器本身较为坚固，对货物有保护作用，所以对采用集装器运输的货物在包装上要求较低，可以节省用于货物包装的材料和费用。

⑤有利于组织联合运输和"门到门"服务。航空货物运输的集装化，以及进行海空联运、陆空联运是发展的大趋势。集装器可以直接租给用户，送到企业，实现"门到门"服务。

⑥造价较高，空箱回送浪费运力。集装运输也存在不足之处，集装器多用轻质铝合金或玻璃钢等材料制成，造价高；如果回程是空箱、空板状态，对航空公司来说就很不经济；集装器本身的重量也占据了飞机的业务载量（简称业载）等。

步骤二　认识常见的航空器

长风道通货代事业部的新员工意识到航空货物运输的运输量与飞机的机型、机场库区设施、装卸设备、集装设备等密切相关。从事航空货物运输活动首先要了解航空器（一般也称为飞机）的种类及其特点。

1. 按机身的宽度划分飞机

（1）窄体飞机（Narrow-body Aircraft）。

目前，常见的窄体飞机主要有波音系列的波音707、波音717、波音727、波音737、波音757，空客系列的A320、A321等。其中，A320可以装运集装货物，但它所能装运的集装箱是经过特别设计的，其最大高度为117cm。窄体飞机如图1-2-1所示。

图1-2-1　窄体飞机

（2）宽体飞机（Wide-body Aircraft）。

宽体飞机的机身宽度不少于4.7m。客舱内旅客座位之间有两条通道，如图1-2-2所示。此类飞机的下货舱既能装运散货，又能装运集装货物。

图1-2-2　宽体飞机

目前，常见的宽体飞机主要有波音系列的波音747、波音767，空客系列的A300、A310、A340等。此外，L-1011、AN-124等飞机也属于宽体飞机。

2. 按用途划分飞机

（1）全客机（Passenger Aircraft）。

全客机是指主舱全部装运旅客，只在下舱（也称下货舱）装载货物的飞机，如波音737-300，全客机如图1-2-3所示。

图1-2-3　全客机

（2）全货机（All-cargo Aircraft）。

全货机的主舱（也称主货舱）和下舱（也称下货舱）都用于装运货物，其飞机代号后有字母"F"，全货机如图1-2-4所示。

图1-2-4　全货机

（3）客货混合机（Mixed/Combination Aircraft）。

一般，客货混合机的下舱用于装载货物，主舱分为两个部分，前半部分设有座椅运送旅客，后半部分用于装运货物。其飞机代号后有字母"M"，客货混合机如图1-2-5所示。

图1-2-5 客货混合机

⊕ **小贴士**

飞机的舱位结构

飞机一般分为两种舱位，即主舱（Main Deck）和下舱（Lower Deck），但波音747分为三种舱位，即上舱（Upper Deck）、主舱、下舱，波音747舱位结构示意图如图1-2-6所示。

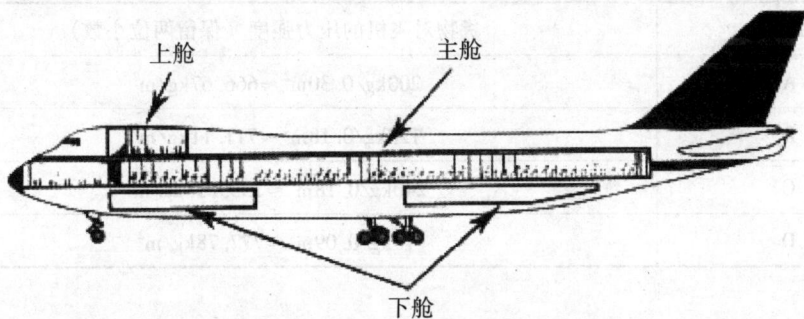

上舱　　　　主舱

下舱

图1-2-6 波音747舱位结构示意图

步骤三 学习不允许翻转货物的放置方法

1. 计算货物的接地面积

由于货物 A、货物 B、货物 C、货物 D 不允许翻转，长风道通货代事业部的新员工通过测量货物与地面接触范围的长度和宽度，计算各货物的接地面积，不同货物的接地面积如表 1 - 2 - 3 所示。

表 1 - 2 - 3 不同货物的接地面积

货物	接地面积
A	$60cm \times 50cm = 3000cm^2 = 0.30m^2$
B	$2ft \times 1ft \approx 2 \times 0.3m \times 0.3m = 0.18m^2$
C	$60cm \times 30cm = 1800cm^2 = 0.18m^2$
D	$1ft \times 1ft \approx 0.3m \times 0.3m = 0.09m^2$

2. 判断单位面积的飞机货舱地板所承受的货物重量

通常根据货物的接地面积和货物重量，计算出飞机的单位压力强度，进而判断单位面积的飞机货舱地板所承受的货物重量。飞机的单位压力强度计算公式如下。

飞机的单位压力强度 = 货物重量 ÷ 货物的接地面积

不同货物对飞机的单位压力强度如表 1 - 2 - 4 所示。

表 1 - 2 - 4 不同货物对飞机的单位压力强度

货物	货物对飞机的压力强度（保留两位小数）
A	$200kg/0.30m^2 \approx 666.67kg/m^2$
B	$128kg/0.18m^2 \approx 711.11kg/m^2$
C	$240kg/0.18m^2 \approx 1333.33kg/m^2$
D	$70kg/0.09m^2 \approx 777.78kg/m^2$

3. 查询装载机型的最大单位承受压力值

长风道通货代事业部的新员工通过查询得知，波音 757 型宽体机中下货舱的最大

单位承受压力值为 $732kg/m^2$。

4. 判断该货物是否需要加垫板

长风道通货代事业部的员工将表 1-2-4 中不同货物对飞机的单位压力强度（实际压力），与查询到的波音 757 型宽体机中下货舱的最大单位承受压力值（最大承受压力）进行比较，分析各货物是否需要加垫板，结果如表 1-2-5 所示。

表 1-2-5　　　　　　　　　判断货物是否需要加垫板

货物	实际压力与最大承受压力比较	是否需要加垫板
A	$666.67kg/m^2 < 732kg/m^2$	否
B	$711.11kg/m^2 < 732kg/m^2$	否
C	$1333.33kg/m^2 > 732kg/m^2$	是
D	$777.78kg/m^2 > 732kg/m^2$	是

步骤四　确定允许翻转货物的放置方法

1. 计算三种放置方法下同种货物的接地面积

长风道通事业部的新员工开始计算三种放置方法下同种货物（货物 E）的接地面积，具体结果如表 1-2-6 所示。

表 1-2-6　　　　　三种放置方法下同种货物（货物 E）的接地面积

放置方法	接地面积
以货物长、宽面为底接地	$35cm \times 45cm = 1575cm^2 = 0.1575m^2$
以货物长、高面为底接地	$35cm \times 55cm = 1925cm^2 = 0.1925m^2$
以货物宽、高面为底接地	$45cm \times 55cm = 2475cm^2 = 0.2475m^2$

2. 判断三种放置方法下单位面积的飞机货舱地板所承受的货物重量

与判断不允许翻转货物中单位面积的飞机货舱地板所承受的货物重量同理，长风道通货代事业部的新员工通过计算三种放置方法下同种货物（货物 E）对飞机的单位压力强度，来判断三种放置方法下单位面积的飞机货舱地板所承受的货物重量。

三种放置方法下同种货物（货物 E）对飞机的单位压力强度如表 1-2-7 所示。

表 1 - 2 - 7   三种放置方法下同种货物（货物 E）对飞机的单位压力强度

放置方法	货物 E 对飞机的压力强度（保留两位小数）
以货物长、宽面为底接地	$180kg/0.1575m^2 \approx 1142.86kg/m^2$
以货物长、高面为底接地	$180kg/0.1925m^2 \approx 935.06kg/m^2$
以货物宽、高面为底接地	$180kg/0.2475m^2 \approx 727.27kg/m^2$

3. 判断三种放置方法下该种货物是否需要加垫板

长风道通货代事业部的新员工将表 1 - 2 - 7 中三种放置方法下同种货物（货物 E）对飞机的单位压力强度（实际压力），与查询到的波音 757 型宽体机中下货舱的最大单位承受压力值（最大承受压力）进行比较，分析三种放置方法下该种货物是否需要加垫板，结果如表 1 - 2 - 8 所示。

表 1 - 2 - 8   货物是否需要加垫板的结果

放置方法	实际压力与最大承受压力比较	是否需要加垫板
以货物长、宽面为底接地	$1142.86kg/m^2 > 732kg/m^2$	是
以货物长、高面为底接地	$935.06kg/m^2 > 732kg/m^2$	是
以货物宽、高面为底接地	$727.27kg/m^2 < 732kg/m^2$	否

4. 确定该货物的放置方法

经过计算，如果货物 E 以货物宽、高面为底接地的话，不需要加垫板，为最优放置方法。

步骤五　获取集装器信息

想正确获取代号为 PAP2334CA 的集装器信息，长风道通货代事业部的新员工需要先了解集装器的种类和识别代码。

在航空货物运输中使用的集装板与网套、结构集装棚与非结构集装棚及集装箱为常见的集装器。有的集装器适合联运，有的集装器只适合空运。按不同的划分依据，可将集装器分为不同的类型。飞机集装器如图 1 - 2 - 7 所示。

图 1-2-7 飞机集装器

1. 按注册与非注册划分集装器

（1）注册的集装器。

此类集装器是被政府有关机构授权的集装器制造商制造并授予适航证书的集装器，能满足飞机安全需要。此类集装器被当作飞机可装卸的货舱，能起到保护飞机设备和结构的作用。

（2）非注册的集装器。

此类集装器是指没有经过有关部门授权生产的，未取得适航证书的集装器。非注册的集装器不能看作飞机的一部分，虽然它们的形状不能完全符合飞机机舱轮廓，但适应地面操作环境，此类集装器只能装入指定机型的飞机及指定的货舱。

2. 按用途划分集装器

（1）集装板与网套（Pallet & Net）。

集装板是具有标准尺寸的，其厚度一般不超过1ft。它是四边带有卡锁轨或网带卡锁眼，中间带有夹层的由硬铝合金制成的平板，以便货物码放在它上面。网套是用来把货物固定在集装板上的，靠专门的卡锁装置来固定。

（2）结构集装棚与非结构集装棚（Structural & Non-structural Igloo）。

结构集装棚是指带有固定在底板上的外壳的集装器，它形成了一个完整的箱，不需要网套固定，有拱形和长方形两种结构。为了充分地利用飞机内的空间、保护飞机的内壁，除了底板和网套，还可以增加一个非结构的棚罩（可用轻金属制成），罩在货物和网套之间，这个非结构的棚罩就是非结构集装棚。结构集装棚与非结构集装棚如图 1-2-8 所示。

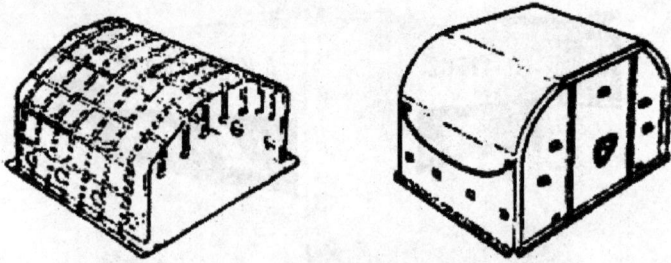

图 1 - 2 - 8　结构集装棚与非结构集装棚

（3）集装箱（Container）。

集装箱类似于结构集装棚，一般可分为以下三种。

①空陆联运集装箱或内结构集装箱（Intermodal Container）。其尺寸一般长 40ft、宽 20ft、高 8ft，可装在全货机的主货舱内。此类集装器主要在全程空运、陆空联运、海空联运时使用。

②主货舱集装箱（Main Deck Container）。主货舱集装箱装在全货机的主货舱内，高度一般在 163cm 以上。

③下货舱集装箱（Lower Deck Container）。下货舱集装箱只能装在宽体飞机下货舱内，有全型和半型两种类型。下货舱内可放入一个全型或两个半型的下货舱集装箱。集装箱高度一般不得超过 163cm。

3. 集装器代号的组成

集装器的代号由三部分组成，第一部分由 3 个英文字母组成，第二部分由 4 位数字组成，第三部分由空运企业英文代号组成。这些代号表示集装器的类型、尺寸、外形与飞机的适配情况、注册情况等信息。

其中，第一部分的 3 个英文字母所表示的内容如下。

①首位英文字母是集装器的种类代号，具体表示内容如下。

A：Certified Aircraft Container，注册的飞机集装箱。

D：Non - certified Aircraft Container，非注册的飞机集装箱。

F：Non - certified Aircraft Pallet，非注册的飞机集装板。

G：Non - certified Aircraft Pallet Net，非注册的飞机集装板网套。

H：Horse Stalls，马厩。

J：Thermal Non - structural Container，非结构保温集装箱。

M：Thermal Non - certified Aircraft Contain，非注册的飞机保温集装箱。

N：Certified Aircraft Pallet Net，注册的飞机集装板网套。

P：Certified Aircraft Pallet，注册的飞机集装板。

R：Thermal Certified Aircraft Container，注册的飞机保温箱。

U：Non – structural Igloo，非结构集装棚。

V：Automobile Transport Equipment，载车架。

②第二位英文字母是集装器底板的尺寸代号，具体表示内容如下。

A：224cm×318cm。

B：224cm×274cm。

G：244cm×606cm。

K：153cm×l56cm。

L：153cm×318cm。

M：244cm×318cm。

P：120cm×153cm。

③第三位英文字母是集装器的顶部外形代号。通常，实际操作中第三位英文字母具体表示内容如下。

E：适用于波音747、A310、DC – 10下货舱无叉眼装置的半型集装箱。

N：适用于波音747、A310、DC – 10下货舱有叉眼装置的半型集装箱。

P：适用于波音747、DC – 10、A310下货舱的集装板。

长风道通货代事业部的新员工通过查阅相关资料，最后得出 PAP2334CA 集装器信息如表 1 – 2 – 9 所示。

表 1 – 2 – 9　　　　　　　　　　　PAP2334CA 集装器信息

集装器代号	类型	尺寸	外形与飞机的适配情况
PAP2334CA	注册的飞机集装板	224cm×318cm	适用于波音747、DC – 10、A310下货舱的集装板

任务评价

请根据实际学习情况，给自己打个分吧！

序号	评价内容	满分（分）	得分（分）
1	掌握航空货物运输中的集装化运输的特点	10	
2	掌握航空器的种类	10	
3	识记集装器的代码含义	10	
4	识记集装器的适合装载机型	10	
5	掌握航空货运常用机型、集装器	10	
6	能够判断货物装机是否需要加垫板	10	
7	能够通过集装器的代号识别集装器的信息	10	
8	能够积极参与任务实施	10	
9	能够积极参与小组讨论	10	
10	能够积极回答老师的问题	10	
	合计	100	

项目二　国内普通货物航空货运

任务一　国内普通货物收运

☼ 任务目标

同学们，本节将带领大家学习国内普通货物收运的相关内容，学习结束后你们需要达到以下目标。

知识目标	1. 了解国内货物托运书的填写内容 2. 掌握国内航空货物运输的包装要求 3. 掌握航空货运单填写内容和规范
技能目标	1. 能够正确判断货物性质 2. 能够正确粘贴国内航空货物运输的标志 3. 能够填写航空货运单并核对信息
素养目标	1. 具备良好的沟通能力和团队合作精神 2. 能够利用互联网准确收集并总结有用信息

⚲ 任务描述

北京市潮汛贸易有限公司（地址：北京市通州区张家湾镇××号）2020年7月18日从北京市运送一批儿童羽绒服至广州市，共10箱，每箱80件，纸箱规格为50cm×40cm×25cm，货物实际重量为80kg，货物价值300000元。北京市潮汛贸易有限公司与长风道通货代达成了合作关系，委托长风道通货代将该批服装通过航空货运的方式运送至广州市，收货人为大润发超市（地址：广州市白云区和顺路××号）。

北京市潮汛贸易有限公司将该批货物的品名、规格型号、包装形式、包装件数、包装规格等相关信息提供给长风道通货代，委托其完成这批货物的运输。该批货物的具体信息如表2-1-1所示。

表2-1-1   该批货物的具体信息

品名	规格型号	包装形式	包装件数（箱）	包装规格	实际重量（kg）
儿童羽绒服	M	纸箱	10	50cm×40cm×25cm	80

📎 任务要求

刘龙是长风道通货代刚入职不久的业务员，事业部姜经理将此票货物交由刘龙操作，刘龙接到此项任务，是按照以下步骤展开工作的，大家一起来看看吧！

（1）确定货物性质。

（2）填写国内货物托运书。

（3）判别货物及包装是否符合航空运输要求。

（4）在货物包装上粘贴航空运输货物包装标志与货物标签。

（5）打板装箱。

（6）计算国内航空货运的运输费用。

（7）了解航空货运单填写的内容和规范。

（8）填写航空货运单。

（9）核对信息，签字确认。

🔧 任务实施

步骤一　确定货物性质

客户提供的资料显示此次运输的货物为儿童羽绒服，刘龙由此判断出此次运输为国内普通货物收运任务。

步骤二　填写国内货物托运书

刘龙根据国内货物托运书的相关规定和填写规范，填写该批货物的国内货物托运书，并在该托运书上签字（或盖章）。

1. 货物托运书的一般规定

①货物托运书是托运人用于委托承运人或其代理人填开货运单的一种表单，表单

上列有填制航空货运单所需的各项内容，并印有授权承运人或其代理人代其填开航空货运单的文字说明。

②托运人托运货物，应先填写货物托运书，对所填写事项的真实性与正确性负责，并在托运书上签字或者盖章。货物托运书应使用钢笔或圆珠笔书写，有些项目如名称、地址、电话等可盖戳印代替书写。书写的字迹要清晰易认，不能潦草。书写时不能使用非国家规定的简化字。

③一张货物托运书中托运的货物，只能有一个目的地、一个收货人，并以此填写一份航空货运单。

④运输条件或性质不同的货物，不能使用同一张货物托运书托运，如活体动物和服装不能使用同一张货物托运书托运；不同运输时效要求的货物，不能使用同一张货物托运书托运，如急救药品和普通货物不能使用同一张货物托运书托运。

⑤货物托运书应当和相应的航空货运单存根联及其他必要的运输文件副本放在一起，按照货运单号码顺序装订成册，作为核查货物运输的原始依据。

2. 国内货物托运书的基本内容和填写规范

①始发站、目的站：填写货物空运的出发和到达城市名。城市名应写全称，例如，北京、上海不能简写为京、沪等。

②托运人及收货人姓名或单位名称、地址、邮政编码、联系电话：填写个人姓名或者单位名称的全称、详细地址、邮政编码和联系电话。不能使用简称，保密性的单位可以填写邮政信箱或者单位代号。

③注意事项及其他：填写货物特性和运输过程中的注意事项。例如，易碎、防潮、防冻、小心轻放，急件或最迟运达期限，损坏、丢失或死亡自负，货物到达后的提取方式等。

④声明价值：填写向承运人声明的货物价值。如果托运人不声明价值，必须填写"NVD"（No Value Declared，无声明价值）或"无"字样。

⑤保险价值：填写通过承运人向保险公司投保的货物价值。如果已经办理了声明价值的，可以填写"×××"或不填。

⑥件数：填写货物的件数。如一批货物内有不同运价种类的货物，则需分别填写，总件数写在件数栏最后一行。

⑦毛重：填写货物的实际重量，总重量填写在毛重栏最后一行。

⑧运价种类：分别以M、N、Q、C、S等代表不同的运价种类。

⑨商品代号：以四位数字或者英文字母代表指定商品的货物类别。

⑩计费重量：比较采用货物毛重、体积重量或较高重量分界点计算出的运费，最终确定计费重量。

⑪费率：填写适用的运价。

刘龙根据北京市潮汛贸易有限公司提供的相关信息，开始填写这批儿童羽绒服的国内货物托运书，部分内容如表2-1-2所示。

表2-1-2　　　　　　　　　儿童羽绒服的国内货物托运书

现委托你公司空运以下货物，一切有关事项如下：

始发站	北京	目的站	广州	
托运人姓名或单位名称	北京市潮汛贸易有限公司		托运人邮政编码	
托运人地址	北京市通州区张家湾镇××号		托运人联系电话	
收货人姓名或单位名称	大润发超市		收货人邮政编码	
收货人地址	广州市白云区和顺路×××号		收货人联系电话	
注意事项及其他	注意防燃、防水、防湿、防潮、防污		声明价值	保险价值

件数（箱）	毛重（kg）	运价种类	商品代号	计费重量	费率	货物品名（包括包装、尺寸或体积）
10	80					儿童羽绒服，纸箱，50cm×40cm×25cm×10箱

说明：
1. 托运人应当详细填写或审核本托运书各项内容，并对其真实性、准确性负责。
2. 有不如实申报价值的货物发生丢失、损坏或被冒领的赔偿价值以此托运书注明的内容为准，造成赔偿不足的责任由托运人或收货人负责。
3. 承运人根据本托运书填开的航空货运单经托运人签字后，航空运输合同即告成立。

货运单号		标签填写	
托运人或其代理人签字（盖章）：时间：		承运人或其代理人签字（盖章）：时间：	

步骤三 判别货物及包装是否符合航空运输要求

北京市潮汛贸易有限公司（发货人）通过航空运输方式运送货物时，首先要到长风道通货代的货运部办理货物的托运。货物的托运必须按照航空货物运输的托运规则来进行。

⊕ **小贴士**

国内普通货物收运的限制

1. 重量限制

非宽体飞机载运的货物，每件货物重量一般不超过 80kg，包装尺寸一般不超过 40cm×60cm×100cm；宽体飞机载运的货物，每件货物重量一般不超过 250kg，包装尺寸一般不超过 100cm×100cm×140cm。如果超过，则必须考虑并且确认机舱地板承受力和有关航站的装卸条件，方可收运。

凡托运人托运的货物，由非宽体飞机载运，单件重量超过 80kg 或单件体积超过 40cm×60cm×100cm，称为超限货物。

2. 机舱地板承受力限制

飞机货舱内每平方米的地板只能承受一定的重量，如果超过此承受力，地板和飞机结构就会遭到破坏。因此，装载货物时一定不能超过机舱地板承受力，必要时需加垫板。

机舱地板承受力和最小垫板面积的计算公式如下。

机舱地板承受力 = 货物的重量 ÷ 货物底部与机舱的接触面积

最小垫板面积 = （货物重量 + 垫板重量）÷ 适用机型的机舱地板承受力

3. 尺寸限制

货物的尺寸限制取决于飞机舱门的大小及机舱容积。如果货物过长、过宽或过高而无法通过飞机舱门时，就不能放在该机型的飞机上正常运输，而必须经过承运人的安排，选择较大机型的飞机运输。

一般情况下，飞机所载运的货物（包括垫板）的最大尺寸不得超过飞机的舱门尺寸限制。除新闻稿件外，货物的尺寸三边之和不能小于 40cm，最小一边不能小于 5cm，如果不符合该规定，应当加大小件货物的包装才能交运。

4. 价值限制

《民航货物国内运输规则》规定，托运人托运的货物，毛重每公斤价值在人民币 20 元以上的，可办理货物声明价值，按规定交纳声明价值附加费。每张货运单的声明价值一般不超过人民币 50 万元。已办理托运手续的货物要求变更时，声明价值附加费不退。

1. 货物检查

（1）明确价值限制。

该批货物的声明价值为 300000 元，根据《民航货物国内运输规则》的相关规定未超过价值限制。

（2）确认付款方式。

经过对相关信息的分析、整理，刘龙确定运费和声明价值的付款方式为全部到付。

2. 货物体积检查

通过查看表 2 - 1 - 1 中货物的具体信息，可知单件货物的包装尺寸为 50cm × 40cm × 25cm，共 10 箱货物，实际重量为 80kg。

通过查看表 2 - 1 - 3 中装载机型的要求尺寸，根据预订舱位情况，刘龙需要判断货物的体积是否符合装载机型的要求。

表 2 - 1 - 3　　　　　　　　　　装载机型的要求尺寸

波音 777 - A			
舱位	前舱	中舱	后舱
舱门尺寸	269cm × 170cm	269cm × 170cm	91cm × 114cm
最大载量（kg）	30617	22226	4082
可利用体积（m³）	126. 97	96. 36	21. 18
板箱装载情况	6 板	12 箱	可容纳长 5m、宽 0.4m 的物体
说明	无		

波音 767 - 300			
舱位	前舱	中舱	后舱
舱门尺寸	340cm × 170cm	111cm × 139cm	96cm × 110cm
最大载量（kg）	2488	无	2721
可利用体积（m³）	88. 27	80. 15	12
板箱装载情况	4 板	7 箱（大箱）	可容纳长 5m、宽 0.4m 的物体
说明	无		

波音 777 - 200

舱位	前舱	中舱	后舱
舱门尺寸	269cm×170cm	269cm×170cm	91cm×114cm
最大载量（kg）	30617	22226	4082
可利用体积（m³）	126.97	96.36	21.18
板箱装载情况	6 板	8 箱	可容纳长 5m、宽 0.4m 的物体
说明	板：可容纳长 3.14m、宽 2.24m、高 1.6m 的物体		

通过对照表 2 - 1 - 3，刘龙表示此票货物符合装载机型的要求。

3. 货物包装检查

检查货物包装是否牢固、是否过于简陋、是否带有旧标志等，如果不牢固、过于简陋、带有旧标志，可要求托运人重新包装。

随着航空货运的发展，为了更安全、更方便地运输货物，需对运输货物的包装及规格有严格要求。

一般规定如下。

①货物包装应坚固、完好，在运输过程中能防止包装破裂、内物漏出、散失；防止因码放、摩擦、震荡或因气压、气温变化而引起货物损坏或变质；防止伤害操作人员或污染飞机、地面设备及其他货物。

②包装除应适合货物的性质、状态和重量外，还要便于搬运、装卸和码放；包装外表面不能有突出的钉、钩、刺等；包装要整洁、干燥、没有异味和油渍。

③包装内的衬垫材料（如木屑、纸屑）不能外漏。除纸袋包装的货物（如文件），托运货物都应使用包装带捆扎。严禁使用草袋包装或使用草绳捆扎货物。

④捆扎货物所用的包装带应能承受该货物的全部重量，并保证提起货物时不致断开。

部分货物的特殊包装要求如下。

①液体货物：容器内部必须留有 5% ~10% 的空隙，封盖必须平密，不得溢漏。用玻璃容器盛装的液体，每个容器的容量不得超过 500mL。单件货物毛重以不超过 25kg 为宜。箱内应使用衬垫和吸附材料填实，防止液体晃动或渗出。

②粉状货物：用袋盛装的，最外层应使用塑料涂膜编织袋，保证粉末不致漏出，

单件货物毛重不得超过 50kg；用硬纸桶、木桶、胶合板桶盛装的，要求桶身不破、接缝严密、桶盖密封、桶箍坚固结实；用玻璃瓶装的，每瓶内装物的重量不得超过 1kg，用铁制或木制材料作外包装，箱内用衬垫材料填实，单件货物毛重以不超过 25kg 为宜。

③精密易损、质脆易碎货物：单件货物毛重以不超过 25kg 为宜，可以采用以下三种方法包装。多层次包装，即货物—衬垫材料—内包装—衬垫材料—运输包装（外包装）；悬吊式包装，即用几根弹簧或绳索，从箱内各个方向把货物悬置在箱子中间；防倒置包装，即底盘大、有手提把环或屋脊式箱盖的包装。

④裸装货物、不怕碰压的货物：可以不用包装，如轮胎等；不易清点件数、形状不规则、外形与运输设备相似或容易损坏飞机的货物，应使用绳、麻布包扎，或外加包装。

⑤大型货物：体积或重量较大的货物底部应有便于叉车操作的枕木或底托。

⊕ 小贴士

部分包装类型的规定

纸箱：应能承受同类包装货物码放 3m 或 4 层的总重量。

木箱：厚度及结构要满足货物安全运输的需要；盛装贵重货物、易碎货物的木箱，不得有腐蚀、虫蛀、裂缝等缺陷。

条筐、竹篓：编制紧密、整齐、牢固、不断条、不披条，外形尺寸以不超过 50cm×50cm×60cm 为宜，单件毛重以不超过 40kg 为宜，内装货物及衬垫材料不得漏出。应能承受同类包装货物码放 3 层的总重量。

铁桶：铁皮的厚度应与内装货物重量相对应。单件毛重为 25~100kg 的中小型铁桶，应使用 0.6~1.0mm 的铁皮制作；单件毛重为 101~180kg 的大型铁桶，应使用 1.25~1.5mm 的铁皮制作。

步骤四　在货物包装上粘贴航空运输货物包装标志与货物标签

1. 选择包装标志

本次运输货物为儿童羽绒服，需要做好防晒、防潮/防湿、防火等工作，选择需要粘贴的包装标志，如图 2-1-1 所示。

图 2 - 1 - 1　需要粘贴的包装标志

2. 填写货物标签

本次运输任务的货物标签填写内容如表 2 - 1 - 4 所示。

表 2 - 1 - 4　　　　　　　　　　　　　货物标签

航空货运单号/AWB No.		
件数/PCS. 10 箱	货物重量/WTS. 80kg	本件重量/WT. OF THIS PC 8kg
始发站/FROM 北京	目的站/TO 广州	

3. 粘贴包装标志及标签

将选择好的包装标志及填写好的货物标签贴在货物包装的适当位置。

4. 包装中常见的标志说明

(1) 识别标志。

识别标志主要有以下几种。

①贸易标志。

②商标。

③目的地标志。

④货号和数量标志。

⑤体积与重量标志。

⑥出产厂和国名标志。

（2）指示性标志。

根据货物的特性，对一些容易破碎、损坏及变质的货物，应标明在装卸、搬运操作和存放、保管方面所提出的要求和注意事项，如"向上""防潮"等。

（3）危险品标志。

如果包装内装有危险货物，应在运输包装物上明显地标明危险标志。例如，在易燃液体货物的运输包装物外标明易燃液体标志，如图2-1-2所示。

图2-1-2 易燃液体标志

步骤五　打板装箱

选择合适的集装器将待托运货物装入，以便将货物放置在飞机的合适位置。

1. 货物打板

货物打板的主要步骤如下。

①放平集装板。

②放上航空防盗膜。

③铺上防水膜。

④摆放货物。

⑤拉起防盗膜。

⑥拉起防水膜。

⑦加固定网，打板完成。

⑧货交航空公司，等待上飞机。

2. 航空货物装卸

航空货物装卸标准如下。

①文明装卸，轻拿轻放。

②严格遵循装卸"三不"要求作业，即大不压小、重不压轻、木不压纸。

③严格按货物外包装的指示标志作业，将货物集中码放。

④对应航空公司准备相应的托盘、集装板、集装箱和货卡，禁止混用。

⑤货物组装前，应清除空板、空箱上的杂物、积水。

⑥集装货物必须在集装板上加铺一层航空公司提供的塑料雨布。

⑦不强挤硬塞、不翻滚、不抛掷、不少装、不错装。

⑧货物组板、组箱必须严格执行各航空公司提供的组板、组箱技术参数标准，保证货物重心平衡，货物装载必须紧密、安全，严禁所装货物超出集装板、集装箱。

⑨检查所有待装货物，设计货物组装方案。

⑩大货、重货装在集装板上；体积较小、重量较轻的货物装在集装箱内。一票货物应尽可能集中装在一个集装器上。

⑪码放紧凑，间隙越小越好。

⑫单件货物体积不超过集装箱容积的三分之二，且单件货物重量超过 150kg 时，加绑带固定。

⑬底部为金属材质的货物和底部面积较小、重量较大的货物必须使用垫板。

⑭装在集装板上的小件货物，最好装在其他货物的中间或予以固定，防止其从网套及网眼中滑落，此类货物一般情况下不组装进低探板货物。

⑮装箱必须保持重心平衡，箱体突出部分严禁装载重货。

⑯货物装载完毕后对集装板实施罩网，上面加盖航空公司提供的塑料雨布。

⑰使用大托盘装两个小箱时，突出部分必须双向朝内。使用小托盘装箱时，装好货物后箱盖方向必须朝左或朝右，如果箱盖插销有损坏未能固定时，必须用绳子加以固定。

⑱将不同航班的货物分开摆放，实施同一航班连挂。连挂时按大托盘所装的集装板、集装箱不超过 4 个，小托盘不超过 5 个的标准执行。

步骤六　计算航空货运的运输费用

1. 航空货物运价

航空货物运价又称航空货物费率，是指承运人对所运输的每一单位重量的货物，收取从始发站机场至目的站机场的航空运输费用。

（1）货物运价所得货币。

用以公布航空货物运价的货币称为货物运价所得货币，如人民币（CNY）。

（2）货物运价的有效期。

航空货运单所使用的运价应为填制航空货运单之日的有效运价，即在航空货物运价有效期内使用的运价。

通常，航空货运中最低运价类别号为 M；45kg 以下，运价类别号为 N；45kg 以上，运价类别号为 Q。根据实际情况，45kg 以上的货物还可以分为 100kg、200kg、250kg、300kg、500kg、1000kg 等多个收费重量分界点，仍用 Q 表示。

2. 航空运费

航空运费是指航空公司将一票货物自始发站机场运至目的站机场所应收取的航空运输费用。该费用根据每票货物所适用的运价和货物的计费重量计算得到。

3. 其他费用

其他费用是指除了航空运费，其他与航空货物运输有关的费用。

（1）声明价值附加费。货物的声明价值是针对整件货物而言的，不允许对货物的某部分声明价值。声明价值附加费的收取依据是货物的毛重，通常，其计算公式如下。

声明价值附加费 = （货物价值 − 货物毛重 × 20 美元/kg）× 声明价值附加费率

大多数的航空公司在规定声明价值附加费率的同时，还要规定声明价值附加费的最低收费标准。如果根据上述公式计算出来的声明价值附加费低于航空公司的最低收费标准，则托运人要按照航空公司的最低收费标准缴纳声明价值附加费。

（2）到付运费手续费。一般在航空货运中，最低到付运费手续费为 100 元，通常，到付运费手续费计算公式如下。

到付运费手续费 = （货物的航空运费 + 声明价值附加费）× 2%

（3）垫付费。通常，每一票货物的垫付款不得低于 20 美元或者其等值货币，垫付费的计算公式如下。

$$垫付费 = 垫付款 \times 10\%$$

（4）危险货物处理费。危险货物处理费用"RAC"表示，通常，自中国运至 IATA 一区、IATA 二区、IATA 三区的危险货物，每票危险货物的最低收费标准为 400 元。

（5）其他附加费用。其他附加费包括制单费、货到付款附加费、提货费等，一般只有在承运人、航空货运代理人或集中托运人提供服务时才收取。

4. 计费重量

计费重量是指用以计算货物航空运费的重量。航空运输与其他运输方式的计费标准相同，大多是把货物的毛重与体积重量中的较高者作为计费重量。

①毛重：包括货物包装在内的货物重量，称为货物的毛重。

②体积重量的确定：体积重量（kg）= 长（cm）× 宽（cm）× 高（cm）÷6000，即 1cbm ≈ 166.67kg，cbm 为立方米。

③重货与轻/泡货的划分标准：不同运输方式对重货、轻/泡货的划分标准不一样，航空运输中的泡重比一般是 1:167。即大于 1:167 的为重货，小于 1:167 的为轻/泡货。也有另外一种说法是小于 1:167 的为轻/泡货，处于 1:167 和 1:300 之间的为平货，大于 1:300 的才是重货。

④计费重量单位：以 0.5kg 为单位，不足 0.5kg 按 0.5kg 计算。

5. 最低运费

最低运费是航空公司办理一批货物所能接受的起码运费。最低运费不包括声明价值附加费。

6. 航空运价体系简介

按指定的途径划分，航空运价分为协议运价和 IATA 运价（国际航空运输协会运价）两类。

（1）协议运价。

协议运价是航空公司鼓励客户选择航空运输的一种运价。航空公司与客户签订协议，客户保证在协议期内向航空公司交运一定数量的货物，航空公司依照协议向客户提供一定数量的运价折扣。这种运价使得双方都有收益，对在一定时期内有相对稳定货源的客户比较有利。

目前，航空公司使用的运价大多是协议运价，但在协议运价中又可以根据不同的协议方式进行细分。

①长期协议运价是指航空公司与托运人或代理人签订的一年或一年以上期限的协议运价。

②短期协议运价是指航空公司与托运人或代理人签订的半年或半年以下期限的协议运价。

③包板（舱）协议运价是指托运人在一定航线上包用承运人的全部或部分的舱位或集装器来运送货物的协议运价。

④自由销售协议运价通常是"一票一价"形式的协议运价。

（2）IATA运价（国际航空运输协会运价）。

国际航空运输协会运价简称国际航协运价，国际航协运价又分为公布直达运价和非公布直达运价。

公布直达运价包括普通货物运价（GCR）、指定货物运价（SCR）、等级货物运价（CCR）；非公布直达运价包括比例运价、分段相加运价等。

7. 航空运费的计算方法

①一般算法：航空运费＝货物计费重量×对应的货物运价。

②航空运费遵循"从低原则"，当货物计费重量接近某个重量分界点的重量时，将计费重量和对应的货物运价所计算出的航空运费，与该重量分界点的重量和对应的货物运价计算出的航空运费相比较，取其低者，计算公式如下。

$$航空运费＝货物的计费重量×适用的货物运价$$

北京—广州的航空运价表如表2-1-5所示。

表2-1-5　　　　　　　　北京—广州的航空运价表

KGS	CNY
M	30.00
N	6.70
45	4.00
100	2.40
300	2.00

综上所述，此票货物的航空运费计算步骤如下。

体积：$50 \times 40 \times 25 \times 10 = 500000$（$cm^3$）

体积重量：$500000 \div 6000 \approx 83.33$（kg）

实际重量：80kg

计费重量1：83.33kg

费率1：Q45 4.00元

航空运费1：$83.33 \times 4.00 = 333.32$（元）

采用较高重量分界点的较低运价计算，计算内容如下。

计费重量2：100kg

费率2：Q100 2.40元

航空运费2：$100 \times 2.40 = 240.00$（元）

两种方式比较，取运费较低者，即本次航空运费为240.00元。

8. 航空运费计算案例

一批从中国北京运往到荷兰阿姆斯特丹的玩具毛重43.20kg，包装尺寸为103cm×55cm×33cm，请计算本票货物的航空运费。

公布运价如表2-1-6所示。

表2-1-6　　　　　　　　　　公布运价

BEIJING	CN		BJS
Y. RENMINBI	CNY		KGS
AMSTERDAM	NL	M	320.00
		N	50.22
		45	41.53
		300	37.52

综上所述，此票货物的航空运费计算步骤如下。

体积：$103 \times 55 \times 33 = 186945$（$cm^3$）

体积重量：$186945 \div 6000 \approx 31.16$（kg）

实际重量：43.20kg

计费重量1：43.20kg

费率1：N 50.22元

航空运费 1：43. 20 × 50. 22 ≈ 2169. 50 （元）

采用较高重量分界点的较低运价计算，计算内容如下。

计费重量 2：45kg

费率 2：Q45 41. 53 元

航空运费 2：45 × 41. 53 = 1868. 85 （元）

两种方式比较，取运费较低者，即本次航空运费应为 1868. 85 元。

步骤七　了解航空货运单填写的内容和规范

航空货运单样本如表 2 - 1 - 7 所示。

表 2 - 1 - 7　　　　　　　　　　航空货运单样本

Shipper's Name & Address					NOT NEGOTIABLE AIR WAYBILL ISSUED BY		
Consignee's Name & Address					It is agreed that the goods described herein are accepted in apparent good order and condition （except as noted） for carriage. SUBJECT TO THE CONDITIONS OF CONTRACT ON THE REVERSE HEREOF, ALL GOODS MAYBE CARRIED BY ANY OTHER MEANS. INCLUDING ROAD OR ANY OTHER CARRIER UNLESS SPECIFIC CONTRARY INSTRUCTIONS ARE GIVEN HEREON BY THE SHIPPER. THE SHIPPER'S ATTENTION IS DRAWN TO THE NOTICE CONCERNING CARIER'S LIMITATION OF LIABILITY. Shipper may increase such limitation of liability by declaring a higher value of carriage and paying a supplemental charge if required.		
Issuing Carrier's Agent Name & City							
Agents IATA Code		Account No.					
Airport of Departure （Add. of First Carrier） & Requested Routing					Accounting Information		
To	By First Carrier	To	By	Currency	Declared Value for Carriage		Declared Value for Customs
Airport of Destination	Flight/Date		Amount of Insurance		INSURANCE – If carrier offers insurance and such insurance is requested in accordance with the conditions thereof indicate amount to be insured in figures in box marked "Amount of Insurance"		
Handling Information							

No. of Pieces	Gross Weight	Rate Class	Chargeable Weight	Rate/Charge	Total	Nature and Quantity of Goods

Prepaid Weight charge Collect		Other Charges	
Valuation Charge			
Tax		Shipper certifies that the particulars on the face hereof are correct and that insofar as any part of the consignment contains dangerous goods, such part is properly described by name and is in proper condition for carriage by air according to the applicable Dangerous Goods Regulations.	
Total Other Charges Due Agent			
Total Other Charges Due Carrier			
Total Prepaid	Total Collect		
Currency Conversion Rates	CC Charges in Destination	Executed on _____ at _____ Signature of issuing Carrier or His Agent	
For Carrier's Use Only at Destination	Charges at Destination	Total Collect Charges	AIR WAYBILL NUMBER

步骤八　填写航空货运单

查看货物托运书填写航空货运单，填写的航空货运单（部分内容）如表 2 - 1 - 8 所示。

表 2 - 1 - 8　　　　填写的航空货运单（部分内容）

Shipper's Name & Address Beijing Chaoxun Trading Co., Ltd. No. ×× Zhangjiawan Town, Tongzhou District, Beijing	NOT NEGOTIABLE AIR WAYBILL ISSUED BY Beijing Chaoxun Trading Co., Ltd.
Consignee's Name & Address RT - Mart No. ×××, Heshun Road, Baiyun District, Guangzhou	It is agreed that the goods described herein are accepted in apparent good order and condition (except as noted) for carriage. SUBJECT TO THE CONDITIONS OF CONTRACT ON THE REVERSE HEREOF, ALL GOODS MAYBE CARRIED BY ANY OTHER MEANS. INCLUDING ROAD OR ANY OTHER CARRIER UNLESS SPECIFIC CONTRARY INSTRUCTIONS ARE GIVEN HEREON BY THE SHIPPER. THE SHIPPER'S ATTENTION IS DRAWN TO THE NOTICE CONCERNING CARIER'S LIMITATION OF LIABILITY. Shipper may increase such limitation of liability by declaring a higher value of carriage and paying a supplemental charge if required.
Issuing Carrier's Agent Name & City Beijing Chaoxun Trading Co., Ltd.	
Agents IATA Code	Account No.	

Airport of Departure（Add. of First Carrier）& Requested Routing Beijing Nanyuan Airport						Accounting Information FREIGHT COLLECT		

To	By First Carrier	To	By	Currency RMB	Declared Value for Carriage NVD（No Value Declaration）		Declared Value for Customs NVD	

Airport of Destination Guangzhou Baiyun International Airport	Flight/Date 17JUL	Amount of Insurance	INSURANCE – If carrier offers insurance and such insurance is requested in accordance with the conditions thereof indicate amount to be insured in figures in box marked "Amount of Insurance"

Handling Information						
No. of Pieces	Gross Weight	Rate Class	Chargeable Weight	Rate/Charge	Total	Nature and Quantity of Goods
200	83.3			AS ARRANGED		Children's down jacket；50cm×40cm×25cm×10 cartons

Prepaid Weight charge Collect AS ARRANGED	Other Charges
Valuation Charge	
Tax	Shipper certifies that the particulars on the face hereof are correct and that insofar as any part of the consignment contains dangerous goods, such part is properly described by name and is in proper condition for carriage by air according to the applicable Dangerous Goods Regulations.
Total Other Charges Due Agent	
Total Other Charges Due Carrier	

Total Prepaid	Total Collect AS ARRANGED	
Currency Conversion Rates	CC Charges in Destination	Executed on <u>JUL. 10，2020</u> at <u>GUANGZHOU</u> Signature of issuing Carrier or His Agent
For Carrier's Use Only at Destination	Charges at Destination	Total Collect Charges ／ AIR WAYBILL NUMBER

步骤九　核对信息，签字确认

刘龙根据国际航空托运书核对航空货运单填写的内容，并签字确认。

🏠 任务评价

请根据实际学习情况，给自己打个分吧！

序号	评价内容	满分（分）	得分（分）
1	能够正确判断货物性质	10	
2	了解国内货物托运书填写内容	10	
3	掌握国内航空货物运输的包装要求	10	
4	能够正确粘贴国内航空货物运输的标志	10	
5	了解打板装箱内容	10	
6	能够计算国内航空货运的运输费用	10	
7	能够填写航空货运单并核对信息	10	
8	能够积极参与任务实施	10	
9	能够积极参与小组讨论	10	
10	能够积极回答老师的问题	10	
	合计	100	

任务二　国内普通货物出港

任务目标

同学们，本节将带领大家学习国内普通货物出港的相关内容，学习结束后你们需要达到以下目标。

知识目标	1. 了解普通货物出港时所需的相关单据 2. 了解普通货物出港需审核的信息 3. 掌握普通货物出港的操作流程
技能目标	1. 能够管理出港货物的相关文件 2. 能够完成机场交货 3. 能够组织普通货物出港发运
素养目标	1. 具备良好的沟通能力和团队合作精神 2. 能够利用互联网准确收集并总结有用信息

任务描述

2020年9月，某客户委托长风道通货代操作一票国内普通货物出港业务，具体信息如下。

卖方：北京锦荣服装有限公司。

联系电话：010 – 8896 ××××。

买方：大连朝阳服饰有限公司。

联系电话：0411 – 852 ××××。

始发地：北京。

目的地：大连。

货物名称：羽绒服。

货物数量：200件。

单价：699元/件。

总价：139800 元。

包装尺寸：45cm×40cm×35cm。

包装件数：20 箱。

实际重量：120kg。

事业部姜经理将此票货物交由员工李伟操作。

📎 **任务要求**

请李伟依据任务描述中的货物信息，完成国内普通货物出港业务。

🔧 **任务实施**

步骤一 审核信息并订舱

1. 审核信息

接到托运人前来委托货物出港的信息，李伟需审核由托运人填写的航空公司国内货物托运书所列内容，仔细核对货物品名、件数、重量及货物包装和完好程度，确定计费重量，甄别托运货物是否属于禁运品，核实托运人及收货人地址、姓名、联系电话是否齐全，审核通过后请托运人在托运书上签字确认。李伟得知航空公司国内货物托运书示例如表 2－2－1 所示。

表 2－2－1 航空公司国内货物托运书示例

始发站	深圳	目的站	北京	
托运人姓名	张三	协议编号	邮政编码	518101
		XY130705		
托运人地址	深圳市宝安区宝安天虹	联系电话	×××××××	
收货人姓名	李四	邮政编码	100032	
收货人地址	北京市西单北大街西单商场	联系电话	×××××××	
件数（件）	包装	货物品名	重量（kg）	
			实际重量（kg）	计费重量（kg）
10	纸箱	金属饰品	100	100

续　表

储运注意事项		运输声明价值（元）	是否投保
		36000	是
		货运单号	
		479 – 12345678	
运输类型		限时运输当日达□　限时运输次日达□　非限时运输☑	
支付方式	预付☑　到付□	提货方式　机场自提☑　市内自提□　送货上门□	

托运须知：

1. 本航空公司不收运危险品，托运人应如实申报具体品名并保证货物中无易燃、易爆及易腐蚀等任何一类危险品及其他限制、禁止运输的货物；否则，造成的一切损失由托运人负责。

2. 本航空公司遵守《中华人民共和国民用航空法》《中国民用航空货物国内运输规则》的有关规定。

本人郑重声明：本人接受托运须知的内容，并对以上所填内容的真实性和准确性负责。 托运单位：天虹商场股份有限公司 经手人签名：张三 经手人身份证号码：××××××××××××××××××× 2013 年 7 月 15 日	经办人签名：王五 复核人签名：李六 2013 年 7 月 15 日

2. 订舱

和客户核实完货物信息后，李伟向航空公司订舱。

（1）确认航班信息。

按已到达的空运货物的数量、重量直接向航空公司订舱，获取航班号，并将确认好的航班信息输入计算机系统。

（2）预订舱。

根据订舱委托记录或委托人预报的空运信息，向航空公司预订舱位，将航空公司确认的预订信息输入计算机系统。航空公司订舱系统界面如图 2 – 2 – 1 所示。

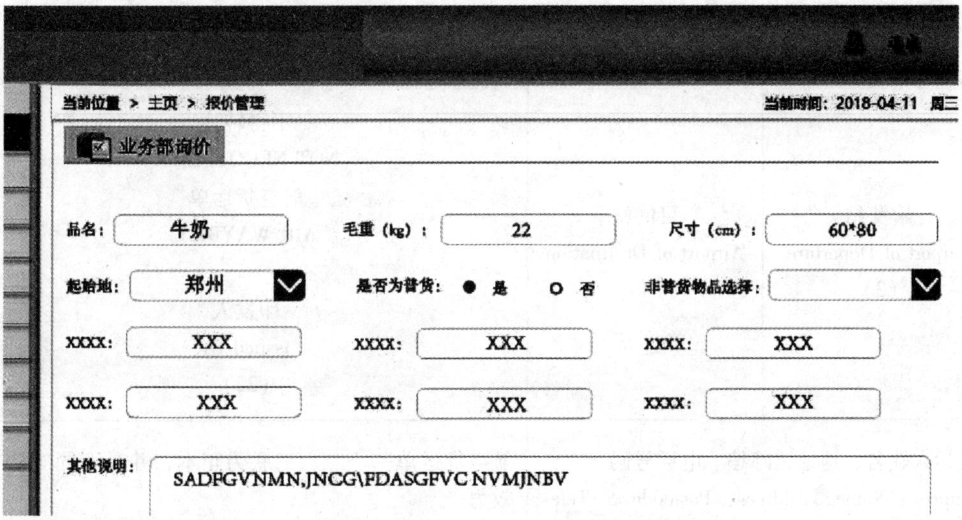

图 2-2-1 航空公司订舱系统界面

步骤二 制单

李伟根据航空公司国内货物托运书制作航空公司国内航空货运单。航空公司国内航空货运单示例如表 2-2-2 所示。

一般，国内使用的航空货运单一式八联，其中正本三联，副本五联。国内航空货运单各联的名称、颜色、用途如表 2-2-3 所示。

操作过程中，制单员应按委托人的要求，详细填写托运人和收货人的姓名、地址、电话号码，货物品名、件数、实际重量、计费重量，航班/日期等，对特殊形状的货物还需注明体积、尺寸。

在储运注意事项栏内，对已订舱的货物应填制"已订舱"，有随机文件的应注明随机文件份数，需要到机场自提的货物应写明机场自提。

正确填写运价，按计费重量填写不同等级运价。航空货运单填写完毕后，制单员签名，并填写制单日期。

对"门到门"的货物，由制单员将航空货运单及委托人填制的国内货物托运书一并进行复印，并将复印件交给到港调度人员制作派送单。

步骤三 机场交货

1. 打包和称重

李伟安排司机将需要空运的货物送达机场后，开始卸货、秤测实际重量、丈量体

表 2 - 2 - 2   国内航空货运单示例

No. （1）   ×××- （2）

始发站 Airport of Departure （3）	目的站 Airport of Destination （4）	不得转让 NOT NEGOTIABLE 航空货运单 AIR WAYBILL 印发人 Issued By （22）				
托运人姓名、地址、邮编、电话号码 Shipper's Name, Address, Postcode & Telephone No. （5）		航空货运单一、二、三联为正本，并具有同等法律效力。 Copies 1, 2 and 3 of this Air Waybill are originals and have the same validity.				
收货人姓名、地址、邮编、电话号码 Consignee's Name, Address, Postcode & Telephone No. （6）		结算注意事项 Accounting Information （23） 填开货运单的代理人名称 Issuing Carrier's Agent Name （24）				
航线 Routing （7）	到达站 To （7a）	第一承运人 By First Carrier （7b）	到达站 To （7c）	承运人 By （7d）	到达站 To （7e）	承运人 By （7f）
航班/日期 Flight/Date （8a）		航班/日期 Flight/Date （8b）	运输声明价值 Declared Value for Carriage (9)		运输保险价值 Amount of Insurance （10）	
件数 No. of Pcs. 运价点 RCP	毛量 （千克） Gross Weight （kg）	运价种类 Rate Class	商品代号 Commodity Item No.	计费重量 （千克） Chargeable Weight （kg）	费率 Rate/kg	航空运费 Weight Charge	货物品名 （包括包装、尺寸或体积） Description of Goods （incl. Packaging Dimensions or Volume）

续　表

(11)	(12)	(13)	(14)	(15)	(16)	(17)	(18)
(11a)	(12a)					(17a)	

预付 Prepaid (19)		到付 Collect (20)		其他费用 Other Charges (21)	
(19a)	航空运费 Weight Charge	(20a)		本人郑重声明：此航空货运单上所填货物品名和货物运输声明价值与实际交运货物品名和货物实际价值完全一致。并对所填航空货运单和所提供的与运输有关文件的真实性和准确性负责。 Shipper certifies that description of goods and declared value for carriage on the face hereof are consistent with actual description of goods and actual value of goods and that particulars on the face hereof are correct. 托运人或其代理人签字、盖章 Signature of Shipper or His Agent (25)	
(19b)	声明价值附加费 Valuation Charge	(20b)			
(19c)	地面运费 Surface Charge	(20c)			
(19d)	其他费用 Other Charges	(20d)			

表 2 - 2 - 3　　　　国内航空货运单各联的名称、颜色、用途

名称	颜色	用途
正本 3	淡蓝色	交托运人
正本 1	淡绿色	交财务部门
副本 4	淡粉色	交第一承运人
正本 2	淡黄色	交收货人
副本 1	白色	交付货物的凭证
副本 2	白色	交目的站
副本 3	白色	交第二承运人
副本 5	白色	制单人留存

积、计算计费重量，司磅员确定计费重量后在航空货运单上签字确认，并将航空货运单交给制单员。

在磅秤称重时，仔细检查货物包装是否符合航空运输包装要求，对不符合航空运输包装要求的货物，应向委托人建议加固包装或更换包装，并为委托人提供打包、改包装服务。为货物打包时，要根据航空运输包装要求及货物特点以牢固、不易破损为原则。贵重货物、易碎货物在加固后，必须在外包装粘贴特殊标识，如防潮、防倒置、勿倾斜、轻搬轻放等标识。货物称重现场如图 2 - 2 - 2 所示。

图 2 - 2 - 2　货物称重现场

2. 航空货运交接

（1）制作航空票签或吊牌。

航空票签或吊牌上必须填明货物的航空货运单号、件数、重量、目的站等信息。航空货运单与航空票签或吊牌必须为同一承运人，不得有误。

（2）制作航空货运交接单。

根据不同承运人所填的航空货运单，相关人员制作航空货运交接单。航空货运交接单为承运人交接凭证，必须清晰显示交接货物的航空货运单号、件数、重量、目的站等信息。贵重货物托运时，必须填制贵重货物交接单，其内容包括货物的名称、件数、重量、外包装、航空货运单号、目的站等信息，连同航空货运交接单一起交承运人。航空货运交接单示例如图 2 - 2 - 3 所示。

航空货运交接单

客户名称：　　　　　　　　　　　　　交货时间：

航空货运单号：　　　　　　　　　　　目的站：

重量：　　　　　　　　　　　　　　　件数：

_____

确认签字：　　　　　　收货人签字：　　　　　　日期：

图 2 - 2 - 3　航空货运交接单示例

（3）装车。

空运出港调度按空运货物量申请车辆，装车人员负责装车事宜。同时，装车人员要认真核对装车票数和每一票出运货物的件数，并附有记录。

（4）交货、交单。

按承运人指定的交货时间、地点进行托运交接。双方过磅清点件数后，相关人员交货，并将航空货运单的承运人联、贵重货物交接单及其他随机文件移交承运人，双方在交货清单上签名。

3. 货物出仓

交货完成后货物会由机场工作人员放到机场仓库内，装机时货物再出仓。货物出仓后应做到"三核对、三符合"，即"核对件数、重量、目的站，航空货运单与货邮舱单相符合、货邮舱单与货邮出仓单相符合、货邮出仓单与装载通知单相符合"。货物在出仓时应进行以下操作。

①根据航班计划核对货物航空票签或吊牌上的航空货运单号及目的站。

②清点货物件数，检查货物包装状况。

③出仓时发现有单无货、有货无单、单货不符、包装破损等不正常情况时，应及时按规定处理。

货物出仓依据的文件包括航班计划或预舱单。航班计划是根据货物订舱和收运情况，预先制作的货物装机计划，主要内容包括航班信息，如航班号、飞机注册号等内容。预舱单是指预先制作的航班货物出港计划。航班计划或预舱单以下统称为航班计划。装机站根据航班计划安排货物出仓。

4. 编制货邮舱单和货邮出仓单

货物出仓后，配载室根据实际情况编制货邮舱单并进行货邮结载。货邮舱单主要有三部分内容：第一部分为航班基本信息，包括航班号、航班日期、飞机注册号、起飞时间、起飞站及目的站等内容；第二部分为货邮详细信息，包括序号、运单号、配运件数、配运重量、计费重量、货邮名称及备注等内容；第三部分为制表人签名、配载信息及总计信息等内容。

货邮舱单是装机站向卸机站运送货物、邮件的清单，也是承运人之间结算航空运费的依据。货邮舱单示例如表 2 - 2 - 4 所示。

表 2 - 2 - 4   货邮舱单示例

航班号：   航班日期：   飞机注册号：
起飞时间：   起飞站：   目的站：

序号	运单号	配运件数	配运重量	计费重量	货邮名称	备注
1						
2						
3						
4						
5						
6						
7						
8						
9						

制表人：   配载：   本页总计：

货邮结载后，配载室编制货邮出仓单，货邮出仓单示例如表 2 - 2 - 5 所示。

表 2 - 2 - 5   货邮出仓单示例

航班号：   航班日期：   始发站：   目的站：
飞机注册号：   起飞时间：   机位：   安检机口：

序号	编号	件数	重量	体积	舱位	货物处理类型	顺序	备注
1								
2								
3								
4								
5								
6								
货物总计				邮件总计				

5. 填制装载通知单

载重平衡部门填制装载通知单（也称装机单），装卸人员根据此单据将货物装机。装载通知单示例如图 2 - 2 - 4 所示。

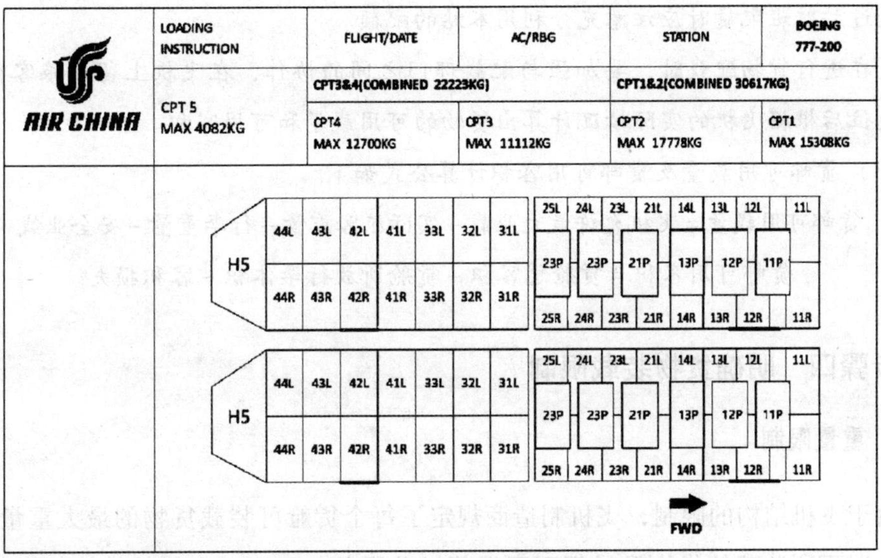

图 2 - 2 - 4　装载通知单示例

⊕ 小贴士

货物配载相关要求

（1）除遇特殊情况外，货物配载应遵照以下顺序安排货物发运。

①抢险、救灾、外交信袋和政府指定急运的货物。

②指定航班、日期和按急件收运的货物。

③邮件。

④有时限要求的货物、贵重货物和零星小件货物。

⑤中转联程货物。

⑥一般货物（通常按照收运的先后顺序安排发运）。

（2）配载操作时的注意事项如下。

①按照机型、舱位容积、货物尺寸、货物重量合理搭配，充分利用舱位。

②注意季节变化、行李重量、飞机油量使用情况引起的飞机业载的变化。

③及时关注有关航站、航线的禁运情况。

④海关监管的国际国内联程运输的货物，应检查航空货运单上是否盖有海关监管章/放行章或者航空货运单后面是否附有海关关封。此类货物应使用直达航班运输。

⑤活体动物运输，除应遵守 IATA《活体动物规则》中的规定，还需考虑具体的装载要求，以及起飞时间、天气条件、航线距离等因素可能对活体动物产生的影响。

⑥过站航班配货时应注意充分利用本站的配额。

⑦在进行货物配载时，要加强与配载部门之间的协作，在飞机上留足旅客行李舱位和吨位后根据飞机的实际情况计算出货物的可用载量和可用容积。

（3）货邮可用载量及货邮可用容积计算公式如下。

$$货邮可用载量 = 飞机允许最大业载 - 实际旅客重量 - 行李重量 - 安全业载$$

$$货邮可用容积 = 货舱总容积 - 货舱所放行李体积 - 容积损失$$

步骤四　明确货物装载限制

1. 重量限制

由于飞机结构的限制，飞机制造商规定了每个货舱可装载货物的最大重量限额，任何情况下所装载的货物重量都不可以超过此限额。否则，飞机的结构很有可能遭到破坏，航行安全会受到威胁。窄体飞机只能装载散货，不能装载集装货物，每件货物重量一般不超过 80kg，体积尺寸一般不超过 40cm×60cm×100cm；宽体飞机既可装载散货，也可装载集装货物，每件货物重量一般不超过 250kg，体积尺寸一般不超过 100cm×100cm×140cm。超过上述重量和体积的货物，应根据航线、机型及始发站、中转站和目的站的装卸设备条件，征求有关航空公司同意后决定是否可以发运。

2. 体积限制

由于货舱内可利用的空间有限，体积也成为运输货物的限定条件之一。轻/泡货物可能占满了货舱内的所有空间，却未达到重量限额。相反，高密度货物的重量已达到限额，而货舱内仍会有很多的剩余空间无法利用。上述情况和整车物流模式相似，一个货舱或一辆货车的容积是固定的，将轻/泡货物和高密度货物混运装载是比较经济的解决方法。因此，承运人有时需提供一些货物的密度参数作为混运装载的依据。

3. 舱门限制

由于货物只能通过舱门装入货舱内，货物的尺寸必然会受到舱门的限制。为了便于确定一件货物是否可以装入货舱，飞机制造商一般会提供飞机舱门尺寸表。

大家在选择航空货运的同时为了避免不必要的麻烦，要严格按照货物装载限制进行合理操作。

步骤五　结算费用

李伟根据分运单标明的总价对单票空运业务进行结算。

对委托人现场收取运费的，按分运单标明的总价开具发票（列明收费项目、运单号），连同分运单第一联交给委托人，收取现金或支票。

凡与公司签订业务合同/协议的委托人，以公司内部划账结算方式，列为月结账客户。结算时将分运单第一联交委托人。

制作单票结算单，将分运单上标明的收费内容分类计算，列明收入与支出项目，并计算所得利润。单票结算单应填制委托人名称、收入来源、支出流向。

单票结算单并没有统一的格式，具体以各个公司的模板为准。

步骤六　后期跟踪

1. 航班查询

承运人按预订航班交货，待飞机起飞2小时后，李伟在航空公司官网查询货物是否按预订的航班出运。如遇分批出运，应询问分批出运的次数、每次出运件数及重量。如遇隔日配载，次日航班起飞2小时后再进行查询，直至该批货物全部出运完毕。航空公司航班查询界面如图2-2-5所示。

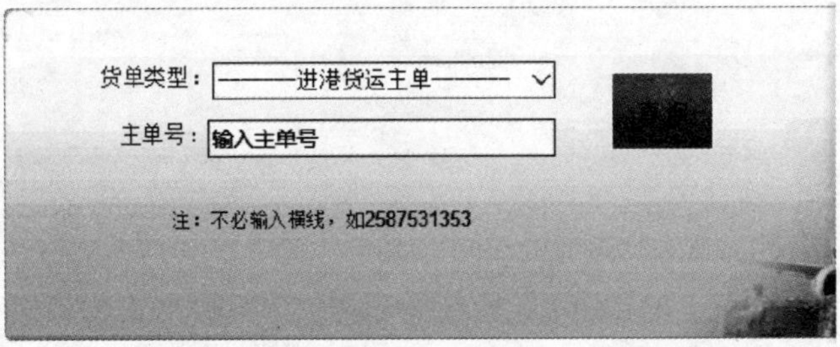

图2-2-5　航空公司航班查询界面

2. 信息反馈

空运出港、中转的货物与航空公司交接后，经查询确认该航班货物是否已按预订航班正常出运，李伟将确认好的信息输入计算机系统并及时将信息反馈给托运人。

综上所述，国内普通货物出港业务流程如图 2 – 2 – 6 所示。

```
┌──────────┐
│ 审核信息  │
│ 并订舱    │
└────┬─────┘
     ↓
┌──────────┐
│   制单    │
└────┬─────┘
     ↓
┌──────────┐
│ 机场交货  │
└────┬─────┘
     ↓
┌──────────┐
│ 明确货物  │
│ 装载限制  │
└────┬─────┘
     ↓
┌──────────┐
│ 结算费用  │
└────┬─────┘
     ↓
┌──────────┐
│ 后期跟踪  │
└──────────┘
```

图 2 – 2 – 6　国内普通货物出港业务流程

🏠 任务评价

请根据实际学习情况，给自己打个分吧！

序号	评价内容	满分（分）	得分（分）
1	了解普通货物出港时所需的相关单据	10	
2	了解普通货物出港需审核的信息	10	
3	掌握普通货物出港的操作流程	10	
4	掌握出港货物出仓流程	10	
5	掌握机场交货流程	10	
6	掌握查询货物状态和获取信息反馈的方法	10	
7	能够根据所学知识模拟国内普通货物出港业务	10	
8	具备强烈的团队合作精神，积极参与小组活动	10	
9	具备遵守各种行为规范和操作规范的意识	10	
10	具备运用批判策略和创造策略从多方面考虑问题的能力	10	
	合计	100	

任务三　国内普通货物进港

☀ 任务目标

同学们，本节将带领大家学习国内普通货物进港的相关内容，学习结束后你们需要达到以下目标。

知识目标	1. 了解国内普通货物进港时所需的相关单据 2. 了解进港货物航班信息的查询方法 3. 掌握进港货物的到达和交付流程
技能目标	1. 能够进行进港文件管理 2. 能够查询进港货物状态 3. 能够完成机场提货
素养目标	1. 具备良好的沟通能力和团队合作精神 2. 能够利用互联网准确收集并总结有用信息

⚲ 任务描述

2020 年 8 月，某客户委托长风道通货代操作一票国内普通货物进港业务，具体信息如下。

卖方：温州欣欣服装有限公司。

联系电话：0577 - 889 ××××。

买方：深圳零点服饰有限公司。

联系电话：0755 - 842 ××××。

始发地：温州。

目的地：深圳。

货物名称：女式连衣裙。

货物数量：1000 件。

单价：199 元/件。

总价：199000 元。

包装尺寸：45cm×40cm×35cm。

包装件数：20 箱。

实际重量：520kg。

航空货运单号：999－25875313。

支付方式：运费预付。

事业部姜经理将此票货物交由新员工吴明操作。

任务要求

新员工吴明依据任务描述中的货物信息，完成国内普通货物进港业务。

任务实施

步骤一　查询航班信息

首先，吴明根据客户提供的航空货运单号，登录中国国际货运航空公司官网查询航班信息，查询结果显示货物所在航班将于次日 15：30 到达机场。中国国际货运航空公司官网航班查询界面如图 2－3－1 所示。

图 2－3－1　中国国际货运航空公司官网航班查询界面

吴明通知车辆调度人员安排司机准时接货，同时将到港货物信息输入计算机系统，注明货物件数、重量、体积、到港航班号和到达时间。

⊕ 小贴士

我国主要的航空公司名称及代码

我国主要的航空公司名称及代码如表2-3-1所示。

表2-3-1　　　　　　我国主要的航空公司名称及代码

航空公司名称	代码		航空公司名称	代码	
	三字	二字		三字	二字
中国国际航空股份有限公司	CCA	CA	西部航空有限责任公司	CHB	PN
中国东方航空股份有限公司	CES	MU	重庆航空有限责任公司	CQN	OQ
中国南方航空股份有限公司	CSN	CZ	天津航空有限责任公司	GCR	GS
北京首都航空有限公司	CBJ	JD	深圳航空有限责任公司	CSZ	ZH
山东航空股份有限公司	CDG	SC	厦门航空有限公司	CXA	MF
四川航空股份有限公司	CSC	3U	昆明航空有限公司	KNA	KY
成都航空有限公司	UEA	EU	西藏航空有限公司	TBA	TV

步骤二　发出到货通知

次日下午，客户收到机场货运站发来的提货通知单，通知客户来提取货物，之后客户将提货通知单交给吴明。提货通知单如表2-3-2所示。

表2-3-2　　　　　　　　　　　提货通知单

提货通知时间：　　　　　　　　　　　提货通知单号：

航空货运单号		货物品名/规格	
件数		重量	
收货地址			
提货地址			
收件人姓名		联系电话	

1. 到货通知的形式

货物运至目的站后，除另有约定外，由航空公司或其代理人向收货人发出到货通知。到货通知形式包括电话通知和书面通知两种形式，目前一般使用电话通知形式。

2. 到货通知的时限要求

到货通知的时限要求如下。

①特种货物的到货通知，应在货物到达后 2 小时内通知收货人。

②普通货物的到货通知，应在货物到达后 24 小时内通知收货人。

③因货运单上提供的收货人信息不准确或不完全，致使承运人无法通知收货人时，应立即通知始发站征求处理意见。

④货物自发出到货通知的次日起 14 日无人提取，到达站应当通知始发站，征求托运人对货物的处理意见；满 60 日无人提取又未收到托运人的处理意见时，按无法交付货物处理。

⑤对无法交付货物，应当做好清点、登记和保管工作。凡属国家禁止和限制运输货物、贵重货物应当无价移交国家主管部门处理；凡属一般生产资料应当作价移交有关物资部门或商业部门；凡属鲜活易腐或保管有难度的货物可由承运人酌情处理。如作毁弃处理，所产生的费用由托运人承担。经作价处理的货款，应当及时交承运人财务部门保管。

⑥对无法交付货物，从处理之日起 90 日内，如有托运人或收货人认领，将扣除该货物的保管费和处理费后的余款退给认领人；如 90 日后仍无人认领，应当将货款上交国库。对于无法交付货物的处理结果，应当通过始发站通知托运人。

步骤三　机场提货

在收到提货通知单的次日，吴明安排司机去机场提货，并叮嘱司机随身携带相关证件。

1. 提货证明

收货人提取货物时必须出示有效身份证件和有关文件，收货人也可以委托他人代为提取货物，不同情况需要不同的证件和文件。

（1）收货人本人提取货物。

①收货人为单位名称和邮政信箱的，须出示单位出具的提货证明信和本人有效身

份证件。

②收货人为单位名称和个人姓名的，凭个人有效身份证件提货。

③收货人为个人姓名和住址的，凭个人有效身份证件提货。

④收货人为军队番号、武警单位的，应出示相应的单位证明和收货人的军官证、文职干部证等。

⑤提取属于危险货物当中的爆炸货物、放射货物、枪械等，还需出具公安部门出具的准运证明。

（2）收货人委托他人提取货物。

①受托人凭提货通知单或航空货运单收货人联副本和航空货运单指定的收货人及被委托人的有效身份证件提货。

②受托人在国外提取货物时必须遵守当地规定出示相关提货证明。

2. 提货费用

各国在目的站收取的费用有不同的规定，在中国境内的目的站收取的费用一般包括到付运费及其手续费、保管费和地面运输费等。

（1）到付运费及其手续费。

对于运费到付的货物，在目的站办理货物交付时，托运人需向承运人支付到付运费及其手续费。

到付运费的手续费一般为航空运费和声明价值附加费之和的5%。

（2）保管费。

保管费是指由于托运人或收货人未能在规定时间内办妥货物运输的有关手续，货物保留在承运人仓库内，超过规定时限时，承运人收取的货物保管费用。

保管费的计算公式如下。

$$保管费 = 货物重量 \times 保管费率$$

每个航空公司的保管费率各不相同。

（3）地面运费。

地面运费是指使用承运人的地面运输工具，在机场与市区之间、同一座城市两个机场之间运送货物所产生的费用。在中国境内机场自行提货免收地面运费。

地面运费的计算公式如下。

$$地面运费 = 货物重量 \times 地面运输费率$$

⊕ **小贴士**

航空载具

航空载具主要分三种：集装板、集装箱、车架。

因为机型不同，所以配置的航空载具不同，目前主要从事货运的飞机机型主要是波音系列、空客系列，比如波音747－8F、空客A300F等，它们之间的集装载具有的是可以通用的，有的是不能兼容的，即使一个系列的飞机，因为机型不一样，所使用的集装载具也不一定能够通用。集装板是一块铝制的平板，四周有用于固定网套的网扣，中间略凹，货物摆放在上面后，用薄膜缠绕整齐并加盖网套用于固定。常用的载板型号有PMC、P6P、PAJ等。集装箱是用铝板制作的封闭的箱子，因为是箱子，所以它能更好地保护货物，同时可以用于制冷和保温，一般鲜活产品一定要用到集装箱，还有一些集装箱有特殊的用途，比如挂衣集装箱等。集装箱有多种形状，甚至有一些不规则的形状，主要目的是充分利用飞机的空间，因为有些飞机舱位是弧形的，常用的型号有AKE、AAU、AMP等。

航空载具的规格受飞机的型号限制，而且由于载具的规格限制，航空公司在接收货物的时候，只能在载具允许规格范围内接收，超出规格范围的，只能用其他运输方式来解决，比如海运。下面是常用的载具规格。

①20尺板（PGA）：606cm×244cm×300cm。

②PMC高板（Q7/MD2）：318cm×244cm×300cm。

③PMC中板（Q6）：318cm×244cm×244cm。

④PMC低板（LD）：318cm×244cm×163cm。

⑤FEB窄板：223cm×134cm×213cm。

⑥PLA窄板：318cm×153cm×163cm。

⑦RAP冷冻集装箱（LD9）：318cm×244cm×163cm。

⑧RKN冷冻集装箱（LD3）：顶长201cm，底长156cm，宽154cm，高163cm。

⑨AMA集装箱（M1）：318cm×244cm×244cm。

⑩AMF集装箱：顶长407cm，底长318cm，宽244cm，高163cm。

⑪AKE集装箱（LD3）：顶长201cm，底长156cm，宽154cm，高163cm。

以上数据都是理论上的数据，实际装载过程中，长度、宽度都要扣除15cm左右的网扣间距和集装箱壁的厚度，高度要扣除5~10cm的集装板或集装箱底部和顶部的高度。同时因为实际装载货物的尺码不同，很难完全利用所有空间。航空公司将货运公司提供的数据交给打板公司，打板公司则根据这些数据进行打板。

步骤四　货物交付

1. 货物交付的操作步骤

①司机到达机场后，联系机场工作人员，出具相关证件，申请提取货物。

②工作人员根据货物的航空货运单号、品名、件数、体积及库位状况确定存放地点。

③货物出库前，工作人员和司机共同核对外包装上的唛头、航空票签上的航空货运单号，做好出库记录，注明货物品名、件数、货主名称、货物来源、出库日期。

④确认外包装无破损后签字。

⑤司机付清提货费后，提走货物。

仓库提货场景如图 2-3-2 所示。

图 2-3-2　仓库提货场景

2. 货物交付状态记录

货物交付状态记录是在交付货物时，发现货物损坏、短少、变质、污染，收货人提出异议，由承运人填写并经收货人认可的，详细记录货物的真实状态的书面文件。
货物交付状态记录如图 2 - 3 - 3 所示。

货物交付状态记录
CARGO DAMAGE OR LOSS REPORT
编号：No.（1）

航空货运单号码
AWB No. ＿＿＿＿＿（2）＿＿＿＿

航班/日期
FLIGHT/DATE ＿＿＿＿（3）＿＿＿＿

始发站
AIRPORT OF DEPARTURE （4）

目地站
AIRPORT OF DESTINATION ＿＿＿＿（5）＿＿＿＿

托运人姓名、地址
SHIPPER'S NAME AND ADDRESS ＿＿＿＿（6）＿＿＿＿

收货人姓名、地址
CONSIGNEE'S NAME AND ADDRESS ＿＿＿＿（7）＿＿＿＿

货物品名
NATURE OF GOODS ＿＿（8）＿＿

件数/重量
TTL NUMBER OF PIECE/
TTL GROSS WEIGHT ＿＿＿（9）＿＿＿

包装
PACKAGING ＿＿（10）＿＿

货物声明价值
DECLARED VALUE FOR CARRIAGE ＿＿＿（11）＿＿＿

货物保险价值
AMOUNT OF INSURANCE ＿＿＿（12）＿＿＿

损失情况：（13）
CONDITIONS

包装破损□　　　　　内物短少□　　　　　变质□
DAMAGE　　　　　　SHORTAGE　　　　　DETERIORATION

受潮□　　　　　　　污染□　　　　　　　其他□
WET　　　　　　　　CONTAMINATION　　　OTHER

货物交付地点
DELIVERY AT ＿＿＿＿＿＿＿＿（14）＿＿＿＿＿＿＿＿

现场查验情况
DETAILS OF SPORT CHECKING ＿＿＿＿＿＿（15）＿＿＿＿＿＿

＿＿＿＿＿＿＿＿＿＿＿＿＿＿＿＿＿＿＿＿＿＿＿＿＿＿＿＿＿＿＿＿＿＿＿

损失货物品名
DAMAGE OR LOST
NATURE OF GOODS （16）

件数
DAMAGE OR LOST
NUMBER OF PIECE ＿＿（17）＿＿

重量
DAMAGE OR LOST
GROSS WEIGHT ＿＿（18）＿＿

填开地点
ISSUED PLACE ＿＿（19）＿＿

经办人（签字）
PREPARED BY ＿＿（21）＿＿

填开日期
ISSUED DATE ＿＿（20）＿＿

收货人（签字）
CONSIGNEE ＿＿（22）＿＿

注：此记录作为货物交付时的状态的证明。
REMARK：THIS REPORT IS A PROOF OF THE CARGO ONLY WHEN DELIVERING.

图 2 - 3 - 3　货物交付状态记录

货物交付状态记录的一般要求如下。

①货物交付状态记录经承运人和收货人双方签字后生效，作为收货人向承运人提出索赔或诉讼的依据。货物交付状态记录一式两份，第一份交给收货人，第二份随航空货运单交付联留存。

②货物交付状态记录的签字各方应对所填写的所有内容的真实性和准确性负责。货物交付状态记录填写要准确、详细，不得出现似是而非的字样，如"内物损失不详""是否丢失不详"等。

③货物交付状态记录应附有相关照片。

④航空货运单上附有运输事故记录单的，货物交付时必须根据货物的真实情况填写货物交付状态记录。运输事故记录为单位内部台账记录，不能出示给收货人。

步骤五　客户签收

司机从机场提出货后，吴明联系客户，确认了派送地址及送达时间，通知司机送货上门。货物送达后验收人当场清点、交接、签收，验收人在签收单上签名并注明签收日期，然后由司机将货物签收单带回长风道通货代归档保存。货物签收单如表 2 - 3 - 3 所示。

表 2 - 3 - 3　　　　　　　　　　　货物签收单

收货单位				
货号	名称及规格	货物厂商	数量	备注

请收货单位验收货物后填写下栏，此签收单由本公司收存。

签收栏	以上货物已于　　　年　月　日清点签收	
	收货单位	
	验收人	签字（盖章）

步骤六　费用结算

吴明根据分运单标明的总价对单票空运业务进行结算。

对委托人现场收取运费的，按分运单标明的总价开具发票（列明收费项目、运单号），连同分运单第一联交给委托方，收取现金或支票。

凡与公司签订业务合同/协议的委托人，以公司内部划账结算方式，列为月结账客户。结算时将分运单第一联交委托人。

制作单票结算单，将分运单上标明的收费内容分类计算，列明收入与支出项目，并计算所得利润。单票结算单应填制委托人名称、收入来源和支出流向。

单票结算单并没有统一的格式，具体以各个公司的模板为准。

综上所述，国内普通货物进港流程具体如图 2 – 3 – 4 所示。

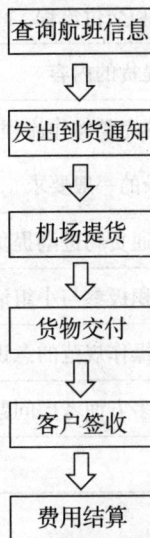

查询航班信息
↓
发出到货通知
↓
机场提货
↓
货物交付
↓
客户签收
↓
费用结算

图 2 – 3 – 4　国内普通货物进港流程

任务评价

请根据实际学习情况，给自己打个分吧！

序号	评价内容	满分（分）	得分（分）
1	了解国内普通货物进港时所需的相关单据	10	
2	了解进港货物航班信息的查询方法	10	
3	掌握进港货物的到达和交付流程	10	
4	掌握进港货物机场提货的内容	10	
5	掌握国内普通货物进港的完整操作流程	10	
6	掌握货物交付状态记录的一般要求	10	
7	能够根据所学知识模拟国内普通货物进港提货业务	10	
8	具备强烈的团队合作精神，积极参与小组活动	10	
9	具备遵守各种行为规范和操作规范的意识	10	
10	具备运用批判策略和创造策略从多方面考虑问题的能力	10	
	合计	100	

项目三 国内鲜活易腐货物航空货运

任务一 国内鲜活易腐货物收运

☀ 任务目标

同学们，本节将带领大家学习国内鲜活易腐货物收运的相关内容，学习结束后你们需要达到以下目标。

知识目标	1. 掌握鲜活易腐货物包装要求和收运的注意事项 2. 掌握鲜活易腐货物航空货运单填写规范 3. 掌握鲜活易腐货物航空运费计算步骤
技能目标	1. 能够合理包装鲜活易腐货物 2. 能够完成鲜活易腐货物航空货运单的填写 3. 能够正确计算鲜活易腐货物航空运费
素养目标	1. 具备良好的沟通能力和团队合作精神 2. 能够利用互联网准确收集并总结有用信息

⊙ 任务描述

2020 年 10 月，某客户委托长风道通货代操作一票国内鲜活易腐货物收运业务，具体信息如下。

托运人：吴勇。

联系电话：021 - 8836×××。

发货地址：上海市浦东新区世纪大道×××号。

收货人：陈可馨。

收货地址：西安市莲湖区和生国际 1 - ×××。

联系电话：1311815××××。

始发地：上海。

目的地：西安。

货物名称：大闸蟹。

货物数量：30 只。

货物净重：6kg。

货物价值：960 元。

事业部姜经理将此票货物交由员工李伟操作。

任务要求

请李伟依据任务描述中的货物信息，完成国内鲜活易腐货物收运业务。

任务实施

步骤一　分析货物特性

李伟得知货物是大闸蟹后，查询了相关信息，确认大闸蟹属于鲜活易腐货物，在运输时需要更加谨慎。

1. 鲜活易腐货物的含义

鲜活易腐货物是指在运输过程中，需要采取一定措施，以防止失去原有价值、腐烂变质，须在规定期限内抵达目的地的货物。鲜活易腐货物如图 3 - 1 - 1 所示。

图 3 - 1 - 1　鲜活易腐货物

2. 鲜活易腐货物的种类

鲜活易腐货物主要有水果、蔬菜、肉、海产品、肉制品、奶制品、观赏植物、医药制品等。

3. 鲜活易腐货物操作英文名称及代码

鲜活易腐货物操作英文名称及代码如表 3 - 1 - 1 所示。

表 3 - 1 - 1　　　　　　　　鲜活易腐货物操作英文名称及代码

中文名称	英文名称	代码
活体动物	Live Animal	AVI
冷藏货物	Cool Goods	COL
食品	Foodstuffs	EAT
冷冻货物	Frozen Goods	FRO
种蛋	Hatching Eggs	HEG
人体器官/血液	Living Human Organs/Blood	LHO
鲜花	Flowers	PEF
肉类	Meat	PEM
鲜活易腐货物（统称）	Perishable Cargo （General）	PER
药品	Pharmaceutical	PIL

4. 鲜活易腐货物的特点

（1）季节性强、运量变化大。

例如，在水果、蔬菜大量上市的季节或沿海渔场的渔汛期，多数水果、蔬菜或海产品的运量会变大。

（2）运送时间要求紧。

大部分鲜活易腐货物极易变质，要求以最短的时间、最快的速度及时运到。

（3）运输途中需特殊照料。

例如，蜜蜂、花木秧苗等的运输，需配备专用车辆和设备，在沿途对其进行专门的照料。

鲜活易腐货物操作代码及温区如表 3 - 1 - 2 所示。

表 3 – 1 – 2　　　　　　　　　　　鲜活易腐货物操作代码及温区

操作代码	注释	温区
COL	冷藏	2 ~ 8℃
ERT	扩展室温	2 ~ 25℃
CRT	控制室温	15 ~ 25℃
FRO	冷冻	≤ – 18℃

⊕ 小贴士

鲜活易腐货物空运包装要求

①大闸蟹空运：用泡沫箱包装。此外，有些机场还要求用纸皮在泡沫箱外加固，或者用尼龙袋在泡沫箱外加固。

②水蜜桃空运：纸箱、礼盒包装即可承运。包装内部最好多加一些防压、减震的内衬材料，防止桃子相互摩擦碰伤。

③长江刀鱼空运：同大闸蟹空运，需要用泡沫箱包装。

④花木秧苗空运：用自带容器包装（纸箱、木箱、金属箱均可），产品本身不外漏且包装牢固即可。

步骤二　包装鲜活易腐货物

1. 鲜活易腐货物的包装要求

①鲜活易腐货物应根据货物的属性采用适当的包装材料，一方面保证货物在运输过程中不会因包装问题发生变质，另一方面保证货物包装不会破损或溢出液体，不致污染飞机、集装器及其他货物。

②鲜活易腐货物的包装必须有助于保持货物的品质，并能将运输时间和环境因素（包括温度和湿度等）变化带来的影响降到最低。

③鲜活易腐货物的包装必须能够保护内装物，防止内部液体渗漏或溢出，防止对其他货物的污染。

④任何与食品直接接触的材料必须符合食品安全相关法律规范，并符合食品等级相关标准。

⑤设计鲜活易腐货物的包装时应当考虑到运输过程中可能出现的温度、高度、角度和方向上发生的变化，以及始发站、目的站、中转站地面气候的变化。

⑥鲜活易腐货物的包装容器必须足够坚固，符合承运人提出的货物堆垛要求。

⑦无论鲜活易腐货物的包装和保护措施如何，温度永远都是鲜活易腐货物运输链中的重要影响因素。

⑧鲜活易腐货物标签和方向性标签应贴在货物包装的侧面，鲜活易腐及不可倒置标签如图3－1－2所示。

图3－1－2　鲜活易腐及不可倒置标签

⑨由活体动物组成的鲜活易腐货物必须用符合IATA PCR（IATA《鲜活易腐货物规则》）和IATA LAR（IATA《活体动物规则》）要求的容器运输。

⑩承运人可以就预期高度和集装器轮廓为鲜活易腐货物的包装提供建议。包装方法在很大程度上取决于货物的性质及其易腐性。一些冷冻或冷藏货物（如冷冻肉）可以在专门的集装器中以几乎无包装的状态运输。

2. 常见包装类型

纤维板材料包装如图3－1－3所示。

图3－1－3　纤维板材料包装

聚苯乙烯泡沫材料包装如图 3 - 1 - 4 所示。

图 3 - 1 - 4　聚苯乙烯泡沫材料包装

硬塑料材料包装如图 3 - 1 - 5 所示。

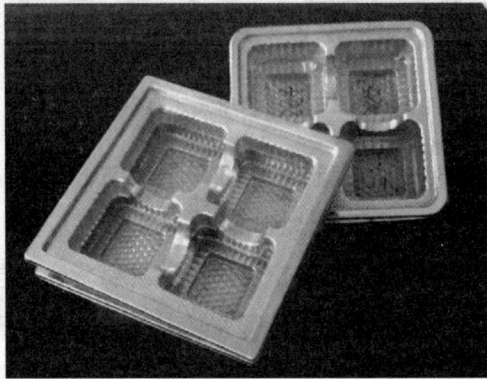

图 3 - 1 - 5　硬塑料材料包装

软塑料材料包装如图 3 - 1 - 6 所示。

图 3 - 1 - 6　软塑料材料包装

真空和气调包装如图 3-1-7 所示。

图 3-1-7　真空和气调包装

木制包装如图 3-1-8 所示。

图 3-1-8　木制包装

金属包装如图 3-1-9 所示。

图 3-1-9　金属包装

大闸蟹属于鲜活水产品，不易运输。为确保大闸蟹在运输途中的鲜活性，客户在邮寄大闸蟹时，需先用网袋扎紧，外面再包以蒲包，保持一定的湿度。客户将大闸蟹交给李伟后，李伟拿起专用包装箱将螃蟹放入，在周围放入冰袋，螃蟹休眠后，再用专用胶带进行封固，这样才能做到万无一失。这些大闸蟹一共装在了 3 个纸箱内，货物实际重量为 7.5kg，纸箱的尺寸为 35cm×30cm×20cm。

⊕ **小贴士**

大闸蟹的托运包装方法

首先，包装至少要有两层，从内到外依次为泡沫箱、纸箱，并且泡沫箱和纸箱都要留有必要的透气孔，防止大闸蟹在运输途中窒息死亡。

其次，包装箱内不能有水、冰块等易化品，以免污染机舱。

最后，如需保鲜，可放置冰袋，冰袋可从机场托运柜台处购买。

步骤三　鲜活易腐货物收运

鲜活易腐货物收运的注意事项如下。

①托运人托运鲜活易腐货物，应当提供最长允许运输时限和储运注意事项等信息，按约定时间将货物送到机场办理托运手续。除另有约定外，通常鲜活易腐货物的运输时限应不少于 24 小时（从预订航班的预计起飞时间前两小时算起）。

②托运人应预先订妥航班、日期。

③政府规定需要进行检疫的鲜活易腐货物，托运人应当提供有关部门出具的检疫证明。

④需要特殊照顾的鲜活易腐货物应由托运人提供必要的设施，必要时由托运人派人押运。

⑤在鲜活易腐货物运输过程中，承运人因采取必要的防护措施所产生的费用，由托运人或收货人支付。

⑥如遇班机问题，承运人将立即通知托运人或收货人，征求处理意见并尽可能按照他们的意见处理。

⑦鲜活易腐货物一般可直接交运，减少其在仓库的存放时间。

⑧尽量使用直达航班，同时考虑飞机机型和飞机所能提供的调温设备。

⑨要避免节假日交货。

李伟在接受客户委托后，根据货物属性已经预订了上海—西安的直达航班，并要求在飞机起飞前两小时，客户须将货物送到李伟手中，避免因货物包装不符合空运规定，耽误办理货物托运手续。

步骤四 填写货物托运书

李伟根据货物信息填写了货物托运书，因货物属性特殊，李伟选择了投保。货物托运书如表3-1-3所示。

表3-1-3 货物托运书

始发站		上海		目的站	西安
托运人姓名	吴勇	协议编号	×××××	邮政编码	200120
托运人地址	上海市浦东新区世纪大道×××号		联系电话		021-8836××××
收货人姓名	陈可馨			邮政编码	710000
收货人地址	西安市莲湖区和生国际1-×××		联系电话		1311815××××
件数	包装	货物品名		重量（kg）	
3件	纸箱	大闸蟹		实际重量（kg）	计费重量（kg）
				7.50	10.50
储运注意事项	机场自提 冷冻货物			运输声明价值（元）	是否投保
				960.00	是
				货运单号码	
				×××-××××××××	
运输类型	限时运输当日达☑ 限时运输次日达□ 非限时运输□				
运输方式	预付☑ 到付□	提货方式	机场自提☑ 市内自提□ 送货上门□		

托运须知：

1. 本航空公司不收运危险品，托运人应如实申报具体品名并保证货物中无易燃、易爆及易腐蚀等任何一类危险品及其他限制、禁止运输的货物；否则，造成的一切损失由托运人负责。

2. 本航空公司遵守《中华人民共和国民用航空法》《中国民用航空货物国内运输规则》的有关规定。

本人郑重声明：本人接受托运须知的内容，并对以上所填内容的真实性和准确性负责。 托运单位： 长风道通国际货代有限公司 经手人签名：李伟 经手人身份证号码：61032419870325×××× 时间：2020年10月12日	复核人签名：陈翔 2020年10月12日

填写完货物托运书后，李伟又填制了航空货运单。

航空货运单填写注意事项如下。

①在航空货运单的托运人和收货人栏中，注明其全称、详细地址及联系电话。

②在航空货运单品名栏内应注明"鲜活易腐/PERISHABLES"字样。

③在航空货运单储运注意事项栏内可以填写承运人认可的储运注意事项。填写内容必须简明、清楚，易于理解，描述货物时推荐使用相应的三字代码，如 COL、PER、FRO 等。

④航空货运单上不得填写超出承运人能力的储运要求或者特定的温度要求，如"任何时候都保持冷冻状态（Keep Under Refrigeration At All Times）" "保持 5℃ 以下（Maintain At Below 5℃）" 等。

⑤如果货物随附卫生合格证或者其他官方许可证，应在航空货运单储运注意事项栏内列明。上述文件应牢固地随附在航空货运单后，不能装在货物包装件内。

⑥需要充氧的活体动物，所充氧气的消耗量要满足国内运输应不少于 24 小时、国际运输应不少于 48 小时的要求。填制航空货运单时，应在航空货运单储运注意事项栏内注明充氧结束时间及包装内所含氧气能够维持活体动物生存的最低时限（从充氧时间开始计算），样式如下。

THE LAST TIME OF OXYGEN INFLATION FOR THE SHIPMENT IS 8：00 AM（OR 08：00）27 FEB，THE MINIMUM TIME LIMIT FOR THE ANIMALS' SURVIALDUE THE INFLATED OXYGEN IS 48 HOURS（最后充氧的时间是 2 月 27 日早 8 点，所充氧气只能供活体动物耗氧 48 小时）。

步骤五　计算运费

运价分类代码表如表 3 - 1 - 4 所示。

表 3 - 1 - 4　　　　　运价分类代码表

代码	英文全称	代表含义
M	Minimum Charge	最低运价
N	Normal Rate	45kg 以下普通货物运价
Q	Quantity Rate	含 45kg 以上普通货物运价
C	Specific Commodity Rate	指定货物运价
S	Class Rate Surcharge	等级货物附加运价

航空运费计算步骤如下。

①计算货物的体积，确定货物的计费重量。

②确定运价：查运价表，确定运输货物的运价。

③计算一般运费。

④计算声明价值附加费。

⑤计算其他费用。

⑥计算航空货运总费用。

本次承运的大闸蟹每箱尺寸为 35cm×30cm×20cm，所以货物体积重量为 $35 \times 30 \times 20 \div 6000 \times 3 = 10.5$（kg），货物实际重量为 7.5kg，以货物体积重量作为计费重量，货物价值为 960 元，投保的保费率为 5%。

从上海发运，大闸蟹空运运价如表 3-1-5 所示。

表 3-1-5 　　　　　　　　　　大闸蟹空运运价

目的地	0~5kg（含 5kg）最低运费	5~100kg（含 100kg）续费运价	100kg 以上续费运价
西安、兰州、西宁、银川	320 元	15 元/kg	11 元/kg

本次大闸蟹的保费为 $960 \times 5\% = 48$（元），因此，本次大闸蟹的运费共 $320 + (10.5 - 5) \times 15 + 48 = 450.5$（元）。

🏠 任务评价

请根据实际学习情况，给自己打个分吧！

序号	评价内容	满分（分）	得分（分）
1	了解鲜活易腐货物的含义	10	
2	了解鲜活易腐货物的种类	10	
3	掌握鲜活易腐货物的包装要求	10	
4	掌握鲜活易腐货物收运的注意事项	10	
5	掌握鲜活易腐货物航空运费计算步骤	10	
6	掌握鲜活易腐货物航空货运单的填写方法	10	
7	能够根据所学知识模拟鲜活易腐货物收运业务	10	
8	具备强烈的团队合作精神，积极参与小组活动	10	
9	具备遵守各种行为规范和操作规范的意识	10	
10	具备运用批判策略和创造策略从多方面考虑问题的能力	10	
合计		100	

任务二 国内鲜活易腐货物进出港

☀ 任务目标

同学们，本节将带领大家学习国内鲜活易腐货物进出港的相关内容，学习结束后你们需要达到以下目标。

知识目标	1. 了解鲜活易腐货物装载的基本原则 2. 了解鲜活易腐货物进出港操作流程
技能目标	1. 能够对鲜活易腐货物进行合理装载 2. 能够对鲜活易腐货物进行合理运输 3. 能够完成鲜活易腐货物机场发货和提货
素养目标	1. 具备良好的沟通能力和团队合作精神 2. 能够利用互联网准确收集并总结有用信息

⊙ 任务描述

上个任务中，李伟已完成大闸蟹收运工作。接下来，李伟需要对这批大闸蟹进行进出港操作。

⬗ 任务要求

请李伟依据上个任务里任务描述中的货物信息，完成国内鲜活易腐货物进出港业务。

任务实施

步骤一 确定航班信息

李伟查看了始发地机场及目的地机场的天气情况，确定没有雷电或者台风、暴雨等恶劣天气，不会因此延迟交货，于是订好舱位，并将飞机起飞时间告知客户，要求客户在飞机起飞前两小时将货物送达机场。

小贴士

海鲜空运

通常情况下，航空公司有海鲜的独立包装，即"泡沫箱＋纸箱＋塑料袋"为一组成套包装，在指定包装销售点买到后，将海鲜放入泡沫箱后密封，然后套袋装入纸箱中密封，完成包装；若海鲜需要打氧，一定要多用胶带把泡沫箱密封好。

针对鲜活海鲜而言，尤其是鱼类、蟹类、虾类等易死亡海鲜，更是要结合其自身特点进行包装，比如鱼类要选用专用的鱼袋进行包装、螃蟹要注意在其泡沫箱里加隔挡防止蟹脚穿透包装等，总之鲜活海鲜在做好各种补给手段后，一定要严把包装关，否则功亏一篑。

海鲜空运要根据季节的变化、旅途的长短及自身的成本预算选择加水、加冰或加氧，要做到适可而止，不要因量多或量少造成货损。

在收货人收到海鲜前，海鲜空运一直存在风险，主要体现在包装环节和装卸环节。包装不牢固或装卸工的不合理操作都会使海鲜包装出现破裂、渗漏，甚至造成海鲜货损，所以严密牢固的包装和合理装卸至关重要。因此，在海鲜空运中，相关人员要考虑海鲜成活率，掌握好从海鲜包装完毕至收货人收到海鲜的时间间隔，合理、科学地包装和装卸。

步骤二 装载货物

2020 年 10 月 13 日，客户按时将货物交给了在机场的李伟。过完安检，完成清点、称重工作后李伟将包装好的货物交给机场货运站，由机场货运站进行装载。

1. 鲜活易腐货物装载的基本原则

①在装机前，由托运人自备保温设备，承运人根据起始地机场条件和运输中的要

求，妥善保管好此类货物，不得将其放在烈日下曝晒或将其置于露天场地经受风吹雨淋。

②在运输过程中应尽可能提供合适的温度和通风条件，以保证运输质量。包机运送对温度要求比较严格的货物时，可事先与飞行调度部门沟通并确认机舱温度，或在保证飞行安全的前提下，调整飞行高度以适应货物特性的需要。

③装机时应将鲜活易腐货物装在货舱门口，以便在到达站优先卸下。

常见鲜活易腐货物对温度、湿度、通风条件的要求如表3-2-1所示。

表3-2-1　　　常见鲜活易腐货物对温度、湿度、通风条件的要求

种类	温度（℃）	湿度（%）	通风条件
亚热带、热带水果	0～15	90	气温高时需要通风
叶菜类蔬菜	0～3		需要良好通风
速冻水果/蔬菜	＜-15		需要良好通风
冻水产品	＜-15	—	需要良好通风
鲜奶	2～6		需要良好通风
鲜蛋	0～3		需要良好通风

2. 水果、蔬菜、鲜花的装载要求

①装在集装板上的水果、蔬菜和鲜花应保持通风。

②避免将水果、蔬菜和鲜花放在阳光下曝晒或极其寒冷的地方。

③多层码放水果、蔬菜和鲜花时不宜过高，避免底层货物受损。

④水果、蔬菜和鲜花应远离热源。

⑤水分较大的水果和蔬菜之间应留有足够的空隙。

⑥鲜花与水果不能装在同一集装器或同一货舱内。

3. 冷冻畜肉、禽肉及肉制品的装载要求

①使用集装器装载冷冻畜肉、禽肉及肉制品时，应先加垫塑料布并将其完全包裹起来，再用胶带将塑料布封好，如果有必要，可以在货物顶部加制冷剂。此外，肉制品的冷冻或冷藏多使用干冰。

②如果使用集装板装载肉制品，应将集装网套放在货物的外面。

③散舱装载时，应先在货舱内垫上塑料布，塑料布与飞机货舱地板应使用胶带黏

合。在使用干冰的情况下，应将干冰放置在货物顶部。

4. 种蛋的装载要求

①装载种蛋时应参阅货物配装禁忌表。

②种蛋应避免阳光曝晒。

③种蛋应远离毒性物质、传染性物质、活体动物和尸体。

④种蛋应远离干冰。

⑤车辆颠簸可能造成种蛋破损，在仓库与停机坪之间进行地面运输时应保护好种蛋。

步骤三　货物跟踪

飞机起飞后，李伟登录航空公司网站查看航班状态是否正常，并将航班信息和飞机到达时间告知客户，方便客户安排好时间来机场提货。航班查询界面如图 3 - 2 - 1 所示。

图 3 - 2 - 1　航班查询界面

⊕ 小贴士

飞机最大可用业务载量计算方法

飞机最大可用业务载量是执行飞行任务的飞机可以装载的最大重量，主要有以下三种计算方法。

①飞机最大起飞重量包括（修正后）飞机基本重量、飞机最大可用业务载量和飞机燃油重量，据此，得到如下公式。

飞机最大可用业务载量=飞机最大起飞重量-（修正后）飞机基本重量-飞机燃油重量

②飞机最大着陆重量包括（修正后）飞机基本重量、飞机最大可用业务载量和备用燃油重量，据此，得到如下公式。

飞机最大可用业务载量=飞机最大着陆重量-（修正后）飞机基本重量-备用燃油重量

③飞机最大无燃油重量包括（修正后）飞机基本重量和飞机最大可用业务载量，据此，得到如下公式。

飞机最大可用业务载量=飞机最大无燃油重量-（修正后）飞机基本重量

飞机最大起飞重量、飞机最大着陆重量和飞机最大无燃油重量是从不同的方面对重量进行的限制，所以由其计算得出的飞机最大可用业务载量不同。

为了保证飞机在起飞时和着陆时均不超过飞机的各种重量限制，确保飞行安全，必须采用上述三种计算方法中计算得出的最小数值作为该架飞机本次飞行的最大可用业务载量。

例如，某架 B737 型飞机的基本重量为 28846kg，飞机燃油重量为 10500kg，航段燃油重量为 6400kg。飞机最大起飞重量为 56623kg，飞机最大着陆重量为 47359kg，飞机最大无燃油重量为 43213kg。其中，飞机燃油重量包括航段燃油重量和备用燃油重量。计算该架飞机的最大可用业务载量。

根据上述公式分别计算，得出的飞机最大可用业务载量如下所示。

最大可用业务载量 1 = 56623 - 28846 - 10500 = 17277（kg）。

最大可用业务载量 2 = 47359 - 28846 -（10500 - 6400）= 14413（kg）。

最大可用业务载量 3 = 43213 - 28846 = 14367（kg）。

在以上三个飞机最大可用业务载量值中，选择最小数值作为该架飞机的最大可用业务载重量，即该架飞机最大可用业务载重量为 14367kg。

如果在上述航班中增加一名机组人员，该名人员体重按照 80kg 计算，计算该航班的最大可用业务载量。由于增加一名机组人员，应当对飞机基本重量进行修正，修正后飞机基本重量为 28926kg。使用飞机最大起飞重量、飞机最大着陆重量和飞机最大无燃油重量计算所得最大可用业务载量分别是 17197kg、14333kg 和 14287kg。

选择最小数值作为该架飞机的最大可用业务载量，即该架飞机的最大可用业务载量为 14287kg。

步骤四 到港通知

到港通知的注意事项如下。

①一般情况下，航空公司在飞机起飞前两小时会短信通知发货人和收货人，告知其提货单号、航班号、提货电话，飞机一般在落地两小时之后，方可提货。

②收货人机场自提时，需要提供证件原件提货，如身份证、驾驶证或护照原件（如果并非收货人本人去提货，须带上收货人原始证件原件和代办人证件原件一道提货）。

③收货人应到航空公司指定的提货处办理提货手续，并付清所有应付费用。

④收货人应在航空货运单和货物提取记录上签字后提取货物。

⑤收货人提取货物时，应当面清点，发现货物有丢失、污染、损坏等情况，请当面向航空货运有关部门提出异议。

货物到港后，李伟安排司机带着相关证件原件去机场货运站提货，并让司机当面检查了大闸蟹的状态，确认无误后在出仓单上签字。

步骤五 送货上门

因大闸蟹属于鲜活易腐货物，需要低温通氧，所以送货上门时需要使用冷藏车运输。

鲜活易腐货物送货上门流程的注意事项如下。

①受理中的注意事项。受理鲜活易腐货物送货上门业务时，托运人应提供最长运输期限、途中管理、照料事宜的说明书，以及有关部门提供的动植物检疫证明和准运手续。对于运输途中需要饲养和照料的动植物，托运人必须派人随车押运。对于需冷藏保温的鲜活易腐货物，托运人应提供货物运输时所需达到的冷藏温度和维持时间等信息。鲜活易腐货物原则上不得与其他货物混装，应专车专运。

②装载中的注意事项。装载水果、蔬菜、鲜活植物时，各货物之间应留有一定的空隙，使空气能在货物间充分流动。车厢底板最好有底格，装货时应使货物与车壁留有适当空隙，以便经由车壁和底板传入车内的热量，可以被空气吸收而不至于直接影响货物。对冷冻货物应紧密堆码不留空隙，对本身不发热的某些冷冻货物（如冷冻鱼、冷冻虾），还应防止过分挤压，以免损伤货物，影响质量。对于活体动物，如家禽、家畜须用集装笼或专用工具，固定在车厢内，保持平稳、妥当。

③运送中的注意事项。鲜活易腐货物应及时运送，运输途中不得随便紧急制动，

并应配合押运人定时停车照料。鲜活易腐货物要快速运输，压缩货物在途中的时间，以保障货运质量。

冷藏车如图 3 - 2 - 2 所示。

图 3 - 2 - 2 冷藏车

货物送达收货人手中，经检查，货物状态良好。司机将签收单寄给李伟后，李伟交相关部门归档保存，月底结算费用。

🏠 任务评价

请根据实际学习情况，给自己打个分吧！

序号	评价内容	满分（分）	得分（分）
1	了解鲜活易腐货物装载的基本原则	10	
2	了解鲜活易腐货物到港通知的注意事项	10	
3	了解鲜活易腐货物的装载要求	10	
4	了解飞机最大可用业务载量的计算方法	10	
5	掌握常见鲜活易腐货物对温度、湿度和通风条件的要求	10	
6	掌握鲜活易腐货物送货上门流程的注意事项	10	
7	掌握鲜活易腐货物进出港操作流程	10	
8	具备强烈的团队合作精神，积极参与小组活动	10	
9	具备遵守各种行为规范和操作规范的意识	10	
10	具备运用批判策略和创造策略从多方面考虑问题的能力	10	
合计		100	

项目四　国内贵重货物航空货运

任务一　国内贵重货物收运

任务目标

同学们，本节将带领大家学习国内贵重货物收运的相关内容，学习结束后你们需要达到以下目标。

知识目标	1. 了解贵重货物的收运条件和要求 2. 了解贵重货物的包装要求 3. 掌握贵重货物航空运费的计算步骤
技能目标	1. 能够合理包装贵重货物 2. 能够填写贵重货物托运书 3. 能够正确计算贵重货物的航空运费
素养目标	1. 具备良好的沟通能力和团队合作精神 2. 能够利用互联网准确收集并总结有用信息

任务描述

2020 年 10 月，某客户委托长风道通货代操作一票国内贵重货物收运业务，具体信息如下。

托运人：陈州。

联系电话：010 – 8836 ××××。

发货地址：北京市朝阳区大悦城 1B××。

收货人：王琳。

收货地址：深圳市南山区海月路××号。

联系电话：0755 – 532××××。

始发地：北京。

目的地：深圳。

货物名称：钻石。

货物数量：5 颗。

货物净重：1g。

货物价值：500000 元。

事业部姜经理将此票货物交由李伟操作。

📎 任务要求

请李伟依据任务描述中的货物信息，完成国内贵重货物收运业务。

✖ 任务实施

步骤一　分析货物特性

1. 贵重货物的含义

贵重货物是指单件体积较小，但价值高昂的货物。贵重货物要获得"身份认证"的主要依据是其单位重量声明价值和所属种类，由于社会发展速度过快，货物的单位重量声明价值发生了一定的变化。目前，相关部门也在着手考虑修改贵重货物相关的规定和标准。

2. 贵重货物航空运输的一般规定

贵重货物航空运输一般有以下规定。

①贵重货物的包装应符合承运人的运输要求。

②贵重货物的性质、价值等应符合相关的国家规定和承运人的要求。

③托运人应订妥全程运输的舱位。

④应在机场办理贵重货物的托运和交付手续。

⑤应建立严格的贵重货物交接制度。

⑥承运人应将全程运输的安保措施安排妥当。

⑦贵重货物不应作为集运货物交运，除非集运的所有货物均为贵重货物。

3. 价值声明

托运贵重货物可以进行价值声明。在国内运输中，当托运人托运的货物毛重每千克超过20元时，可以办理声明价值（国内代理目前多选择保险业务）。办理声明价值时，托运人要在贵重货物托运书及航空货运单"声明价值"栏内注明一票货物声明价值的金额。不予办理声明价值的货物，注明"无"。办理了声明价值的货物要向承运人支付声明价值附加费。通常，贵重货物的声明价值附加费的计算公式如下。

$$声明价值附加费 = （声明价值 - 实际重量 \times 100 元/kg） \times 0.5\%$$

每份航空货运单的声明价值不得超过人民币50万元；每一航班所承运的声明价值总额不得超过1000万元，若某一批货物的声明价值超过此限额，该批货物就不得在同一航班上运输。

李伟得知货物是钻石后，查询了相关信息，确认钻石属于贵重货物，价值高昂，在运输时需要更加谨慎。

步骤二　包装贵重货物

1. 贵重货物的包装要求

①应使用质地坚硬且不易损坏的材料包装贵重货物，必要时还应在包装外用"十"字形或"井"字形包装带加固。

②贵重货物应密封包装，并在包装件的封口或接缝处使用封志。

③外包装上应清楚地注明托运人和收货人的名称、详细地址等运输标志。

贵重货物包装如图4-1-1所示。

图4-1-1　贵重货物包装

2. 贵重货物的标记和标签

①每件贵重货物应使用两个挂牌，拴挂在货物的两侧。

②除识别标签和操作标签外，贵重货物外包装不需要其他标签和额外粘贴物。

③贵重货物的外包装上不可有对内装物的详细信息作出提示的标记。

④有押运员押运的贵重货物需要有押运标签。

贵重货物的标记和标签如图 4-1-2 所示。

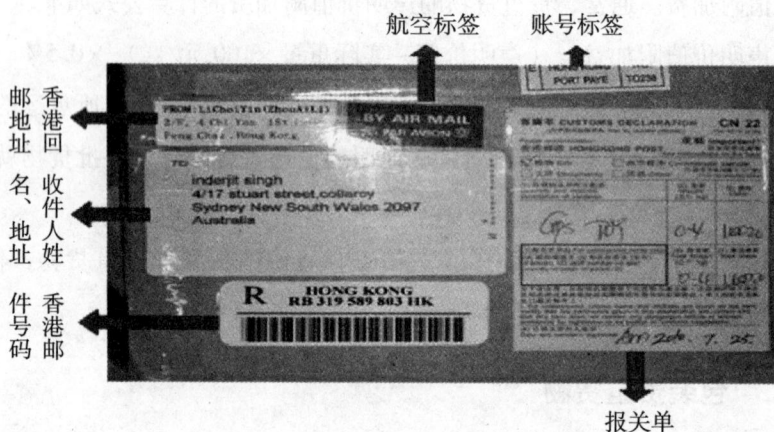

图 4-1-2　贵重货物的标记和标签

李伟将贵重货物包装要求发给客户，客户按照规定将货物装在一个坚硬的木箱内，并在木箱内铺好缓冲材料，防止货物晃动。

> **⊕ 小贴士**

贵重货物包装要点

贵重货物包装要点如下。

①货物不可裸露直接放入箱内，为防止刮花磨损，需要先用胶带、塑胶膜、气泡膜或纸皮等包裹完全（自带容器的货物除外）。

②一个包裹包含多个货物时，包裹与包裹之间必须用缓冲材料隔开。

③易碎易损货物内包装必须有缓冲泡棉，如 EPE（珍珠棉），货物位于运输容器内的中央位置，缓冲泡棉均匀分布在底部、四周与顶部。

④货物在箱内需要被限位，无明显晃动（活动空隙不超过2cm）。

⑤推荐运输容器：纸箱＋木箱。

⑥推荐内包装材料：纸卡、EPE、EPS 泡沫（聚苯乙烯泡沫）。

步骤三 贵重货物收运操作

1. 条件和要求

在实际收运操作中，贵重货物的收运条件和要求如下。

①托运人交运贵重货物自愿办理声明价值。

②订舱时，尽量使用直达航班，托运人必须在订妥舱位后将运输路线和到达时间及时告知收货人，并要求收货人做好接货准备。

③尽量缩短运输前的准备时间，避免节假日交运。

2. 称重

通常，贵重货物应逐件称重。贵重货物的计费重量按实际重量计算，计算单位为 0.1kg。

3. 接收和检查

承运人在接收贵重货物时应进行下列检查。

①贵重货物的名称是否准确。

②运输文件是否准确、齐全。

③贵重货物的包装是否符合要求、封志是否完好。

4. 地面操作和保管要求

在实际收运操作中，贵重货物的地面操作和保管要求如下。

①贵重货物应放置在有安保设施的仓库或专用区域内。

②贵重货物的交接应有交接记录，记录至少应包括航空货运单号码、货物件数、质（重）量、交接时间等，交接双方应在交接记录上签字，签字应清晰、易辨认。

③贵重货物在仓库和机坪之间或不同仓库之间转运时，应有专人押运。

④信息传递应符合要求，将贵重货物的装机信息及时通知到机长及有关航站；装机站填制航空货运单时，在"备注"栏内应注明"VAL"字样。

贵重货物收运场景如图 4 - 1 - 3 所示。

图 4 - 1 - 3　贵重货物收运场景

李伟在接到客户委托后，根据货物属性已经预订了北京—深圳的直达航班。在飞机起飞前两小时，客户将货物送到了李伟手中。机场工作人员检查完货物包装后，进行称重，货物毛重为 2kg，外包装箱尺寸为 20cm × 15cm × 10cm。随后，工作人员将货物转入专用保管区域。

⊕ **小贴士**

货物不正常运输的赔偿处理

根据《民航货物国内运输规则》第四十五条的规定，由于承运人的原因造成货物丢失、短缺、变质、污染、损坏，应按照下列规定赔偿。

①货物没有办理声明价值的，承运人按照实际损失的价值进行赔偿，但赔偿最高限额为毛重每千克人民币 20 元。

②已向承运人办理货物声明价值的货物，按声明的价值赔偿；如承运人证明托运人的声明价值高于货物的实际价值时，按实际损失赔偿。

步骤四　填写单证

1. 机长通知单

因此次贵重货物运输为特种货物运输，必须填写机长通知单。特种货物机长通知单示例如表 4 - 1 - 1 所示。

表 4 - 1 - 1

特种货物机长通知单示例

SPECIAL LOAD NOTIFICATION TO CAPITAIN（NOTOC）

特种货物机长通知单

Station of Loading 装机站	Flight Number 航班号	Date 日期	Aircraft Registration Number 飞机注册号	Prepared By 填表人

Dangerous Goods 危险品

Station of Unloading 卸机站	Air Waybill Number 航空货运单号码	Proper Shipping Name 专用名称	Class or Division for Class1 Compatibility Group 类别或项别（第一类的配装组）	UN or ID Number UN 或 ID 编号	Sub Risk 次要危险性	Number of Package 包装件数	Net Quantity or Transport Index Per Package 每件净重或运输指数	Radioactive Material Grade 放射性物品等级	Packing Group 包装等级	Code 代码	CAO 仅限货机	ERG Code 应急反应代码	ULD ID 集装器号	Position 位置 (Loaded 装机)

Other Special Load 其他特种货物

Station of Unloading 卸机站	Air Waybill Number 航空货运单号码	Contents & Description 货物品名	Number of Package 包装件数	Quantity 数量	Supplementary Information 补充说明

机长通知单是当航班要载运特种货物时，为了使机组知晓所装货物是否属于危险品、特种货物是否已经规范装机，而编制的单证。

机长通知单一式五份，随航空货运单带往目的站留存一份、配载部门留存一份、交机长一份、始发站留存一份、额外副本一份。

2. 货物托运书

李伟根据货物信息填写了贵重货物托运书，部分内容如表 4 - 1 - 2 所示。

表 4 - 1 - 2　　　　　　　　　　贵重货物托运书

始发站	北京		目的站		深圳
托运人姓名	陈州	协议编号		邮政编码	100000
托运人地址	北京市朝阳区大悦城 1B×××		联系电话		010 - 8836××××
收货人姓名	王琳		邮政编码		518000
收货人地址	深圳市南山区海月路××号		联系电话		0755 - 532××××
件数（件）	包装	货物品名	重量（kg）		
1	木箱	钻石	实际重量（kg）		计费重量（kg）
			2		2
储运注意事项	VAL		运输声明价值（元）		是否投保
			500000		是
			货运单号码		
运输类型	限时运输当日达□　限时运输次日达□　非限时运输☑				
运输方式	预付☑　到付□		提货方式	机场自提☑　市内自提□　送货上门□	

托运须知：

1. 本航空公司不收运危险品，托运人应如实申报具体品名并保证货物中无易燃、易爆及易腐蚀等任何一类危险品及其他限制、禁止运输的货物；否则，造成的一切损失由托运人负责。

2. 本航空公司遵守《中华人民共和国民用航空法》《中国民用航空货物国内运输规则》的有关规定。

本人郑重声明：本人接受托运须知的内容，并对以上所填内容的真实性和准确性负责。 托运单位： 长风道通国际货代有限公司 经手人签名：李伟 经手人身份证号码：61032419870325×××× 时间：2020 年 10 月 15 日	复核人签名：陈翔 时间：2020 年 10 月 15 日

步骤五　计算运费

贵重货物航空运费计算步骤如下。

①计算货物的体积，确定货物的计费重量。

②确定运价：查运价表，确定运输货物的运价。

③计算基本航空运费。

④计算声明价值附加费。

⑤计算其他费用。

⑥计算航空货运总费用。

本次承运的钻石外包装箱尺寸为20cm×15cm×10cm，所以货物体积重量为0.5kg，货物毛重为2kg，以货物毛重作为计费重量，保费为150元，声明价值附加费为2499元，地面操作费为100元。

该航空公司关于钻石的运价规定如表4-1-3所示。

表4-1-3　　　　　　　　该航空公司关于钻石的运价规定

目的地	M	Q45	Q100
珠海、深圳、广州	330元	7.4元	3.4元

保费：150元。

声明价值附加费：2499元。

地面操作费：100元。

综上所述，本次航空总运费为330+150+2499+100=3079（元）。

🏠 任务评价

请根据实际学习情况，给自己打个分吧！

序号	评价内容	满分（分）	得分（分）
1	了解贵重货物的含义和内容	10	
2	了解贵重货物航空运输的一般规定	10	
3	了解贵重货物的包装要求	10	
4	掌握贵重货物收运的地面操作和保管要求	10	
5	掌握贵重货物航空运费计算步骤	10	
6	掌握贵重货物托运书的填写方法	10	
7	能够根据所学知识模拟贵重货物收运业务	10	
8	具备强烈的团队合作精神，积极参与小组活动	10	
9	具备遵守各种行为规范和操作规范的意识	10	
10	具备运用批判策略和创造策略从多方面考虑问题的能力	10	
	合计	100	

任务二 国内贵重货物进出港

☀ 任务目标

同学们，本节将带领大家学习国内贵重货物进出港的相关内容，学习结束后你们需要达到以下目标。

知识目标	1. 了解贵重货物进出港的交接工作 2. 了解贵重货物装载要求 3. 掌握贵重货物进出港操作流程
技能目标	1. 能够对贵重货物进行合理装载 2. 能够完成贵重货物卸机 3. 能够完成贵重货物进出港业务
素养目标	1. 具备良好的沟通能力和团队合作精神 2. 能够利用互联网准确收集并总结有用信息

⚲ 任务描述

在上个任务中，李伟已经完成收运。接下来，要安排该票贵重货物进出港。

⬯ 任务要求

请李伟依据上个任务里任务描述中的货物信息，完成国内贵重货物进出港业务。

✖ 任务实施

步骤一 确定航班

在收运贵重货物后，航空公司会根据实际情况尽早为贵重货物安排运输航班，尽量避免中转，以缩短贵重货物的运输和仓储时间。航空公司安排好运输航班后，贵重货物在仓库和机坪之间或不同仓库之间转运时，航空公司还会安排专人押运贵重货物、专人负责装卸贵重货物。对价值特别高的贵重货物,托运人可要求办理押运。

在整个交接过程中,要求相关人员执行严格的交接手续,在装机与卸机、出仓与入仓过程中,交接人员会清点贵重货物,在交接单等单据上注明贵重货物的件数,并签字确认。在航班起飞后,始发站的工作人员在 5 分钟内通知相应的到达站工作人员。贵重货物交接如图 4 - 2 - 1 所示。

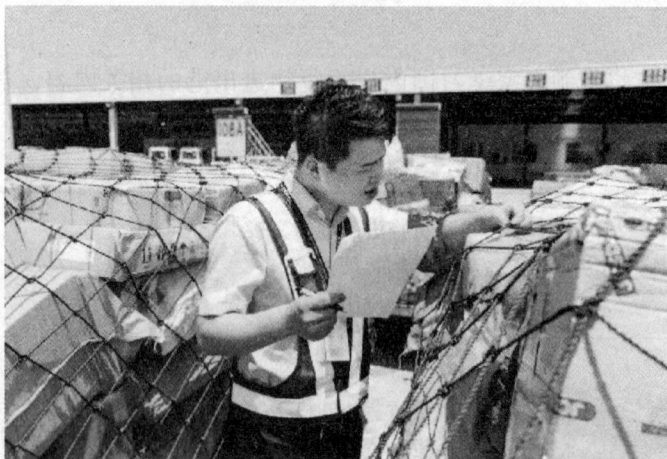

图 4 - 2 - 1　贵重货物交接

李伟查看了始发地机场及目的地机场的天气情况,确定没有雷电或者台风、暴雨等恶劣天气,不会因此延迟交货,便订好舱位,并将飞机起飞时间告知客户,要求客户在飞机起飞前两小时将货物送达机场。

步骤二　装载贵重货物

1. 装载要求

在实际出港操作中,贵重货物的装载要求如下。

①机坪操作负责人应在贵重货物装机前,检查其封志是否完好。

②贵重货物不允许装在客舱或驾驶舱,只能装在货舱中运输。

③符合明确规定的贵重货物在宽体飞机上运输时,只能使用带金属门的集装箱运输。装箱时必须有三人同时在场作业,货物组装完毕后必须按规定关好箱门,使用铅封封口,组装人员在贵重货物装机与卸机通知单的相关栏目内签字。

④符合贵重货物标准的一般货物和其他易丢失货物可以使用集装板运输,要求三人以上操作人员在场,做好记录并拍照留存,使用塑料布严密苦盖并挂紧网套。货物

组装完毕后，组装人员在贵重货物装机与卸机通知单的相关栏目内签字。

⑤贵重货物装在非宽体飞机的货舱中运输时，应装在货舱内明显的位置。与其他货物混装时，不得被其他货物所覆盖。装机完毕后，组装人员在贵重货物装机与卸机通知单的相关栏目内签字。

⑥贵重货物装机后，装机站必须派监装人员在飞机下面监护，直至飞机开始滑行，按规定填写贵重货物装机与卸机通知单的相关栏目后方可离开。

⑦贵重货物应装在带有安全装置的集装箱/保险箱内，或装在飞机货舱内承运人指定的区域。

⑧带有安全装置的集装箱/保险箱应装在承运人指定的位置上。

贵重货物的装载场景如图4-2-2所示。

图4-2-2 贵重货物的装载场景

2. 中转处理

若贵重货物在中转站更换为续程承运人运输，续程承运人应检查货物的外包装并核对质（重）量。

李伟和机场工作人员交接完毕后，工作人员将货物转入专用保管区域，稍后进行装载。

步骤三 跟踪贵重货物

飞机起飞后，李伟登录深圳市深航货运有限公司网站查看航班状态是否正常，并将航班信息和飞机到达时间告知客户，方便客户安排好时间来机场提货。深圳市深航货运有限公司航班查询界面如图4-2-3所示。

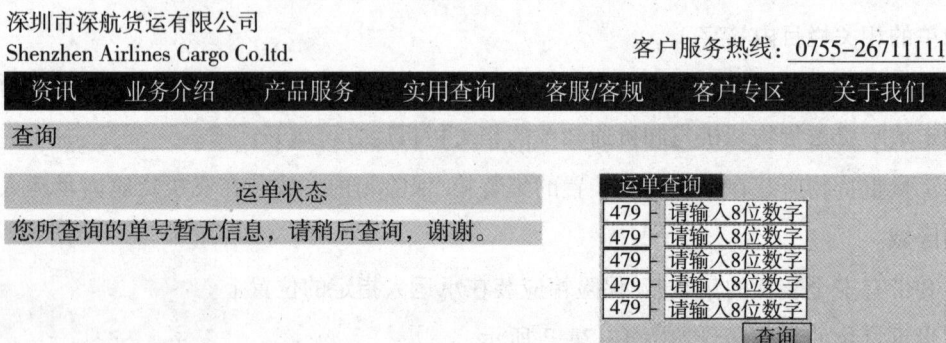

深圳市深航货运有限公司
Shenzhen Airlines Cargo Co.ltd.

客户服务热线：0755-26711111

| 资讯 | 业务介绍 | 产品服务 | 实用查询 | 客服/客规 | 客户专区 | 关于我们 |

查询

运单状态

您所查询的单号暂无信息，请稍后查询，谢谢。

运单查询
479 - 请输入8位数字
479 - 请输入8位数字
479 - 请输入8位数字
479 - 请输入8位数字
479 - 请输入8位数字
查询

图4-2-3 深圳市深航货运有限公司航班查询界面

⊕ 小贴士

如何让贵重货物运输安全又高效，RFID技术来帮忙

RFID（射频识别）非接触式的自动识别技术，能有效对贵重货物运输环节的信息进行实时采集与传输，及时地了解贵重货物运输状态，更好地进行仓库智能化管理，大大地降低了贵重货物毁损、丢失的可能性。如何让贵重货物运输安全又高效，RFID技术来帮忙！

将记录着贵重货物品名、重量、价值、数量等数据的RFID标签安装到贵重货物的包装容器上，在经过装有阅读器的出入口时，阅读器就会自动读取RFID标签上的信息，实现对贵重货物的动态跟踪和管理，提高了贵重货物运输过程的工作效率，降低了工作人员的劳动强度，减少了货损、货差。传统的封条都是人工封条，RFID电子封条对贵重货物的安全性在一定程度上具有保障作用。在交接贵重货物时需要检验封条的完整状态并对其状态进行交接记录，以便确定责任的划分。人工封条只能对贵重货物运输状态信息进行简单记录，而不能对贵重货物运输状态改变的时间、地点、毁损状况等信息进行实时记录。而RFID电子封条则可以弥补人工封条的这一缺陷。在RFID电子封条结合了GPS技术后，就能够将贵重货物所处的运输状态及周围环境的信息及时地传送给相关管理人员。比如，贵重货物遭到破坏、货运路线发生变换，管理人员就会获得相关的信息。RFID电子封条的使用，提高了贵重货物运输过程的透明度和安全性，提高了贵

重货物在运输过程中的跟踪和追溯能力。

步骤四　贵重货物到港通知

1. 卸机注意事项

卸机时，一方面应检查贵重货物的封志和外包装是否完好，另一方面若飞机未在指定的地点备降且此地点无指定的地面代理人时，机长或指定的机组其他人员应确保贵重货物安全卸机。

2. 不正常情况处理

①若发现贵重货物有任何破损或丢失的迹象，应立即进行检查、核对，并填写货物运输事故记录。发生事故的航站或承运人应及时将情况通知其他有关航站和承运人。

②若发现贵重货物短少、丢失，应及时报警。

航空公司在将贵重货物运抵目的地后，会安排专人负责从航班上把贵重货物监装和押运到提取点，并会立即通知收货人提取。如果托运人有特殊要求，航空公司也会安排托运人派人一起押运和取货。此外，在提取贵重货物时，收货人会同承运人当面对货物进行检查。如果发现货物外包装有破损或货物重量与单证所标重量不符，航空公司会要求收货人当场填写详细的运输事故签证，方便日后调查。飞机到港卸货场景如图 4 - 2 - 4 所示。

图 4 - 2 - 4　飞机到港卸货场景

飞机到港两小时后，机场通知收货人提货，收货人委托李伟安排司机去提货。司机到达机场货运站后，同机场工作人员一起检查了货物，确认外包装无破损且货物完好后，提走货物。

⊕ 小贴士

贵重货物破损后的责任

既然是货物运输，难免会出现丢失或者破损等情况。那么谁该为贵重货物的破损或丢失负责呢？这需要具体问题具体研究。

目前，我国《中华人民共和国民法典》（以下简称《民法典》）第八百三十二条规定，承运人对运输过程中货物的毁损、灭失承担赔偿责任。但是，承运人证明货物的毁损、灭失是因不可抗力、货物本身的自然性质或者合理损耗以及托运人、收货人的过错造成的，不承担赔偿责任。《民法典》第八百三十三条规定，货物的毁损、灭失的赔偿额，当事人有约定的，按照其约定；没有约定或者约定不明确，依据本法第五百一十条的规定仍不能确定的，按照交付或者应当交付时货物到达地的市场价格计算。法律、行政法规对赔偿额的计算方法和赔偿限额另有规定的，依照其规定。

相关负责人士介绍，按照民航业的相关规定，在贵重货物的托运过程中，如果由于承运人的行为造成货物毁灭、遗失，由承运人承担相应责任；如果货物的毁灭、遗失或者损坏是由于战争、自然灾害及货物的合理损耗造成的，承运人不承担责任；如果由承运人或者其受雇人、代理人以外的人包装货物，而使货物包装不良，以及外包装良好、封记无异状，而内件短少或损坏，承运人不承担责任；如果托运人派人押运的货物受损，除证明是承运人的过失造成的，承运人不承担责任。

步骤五　送货上门

货物送达收货人手中，经检查，货物状态良好。司机将签收单寄给李伟后，李伟交相关部门归档保存，月底结算费用。

任务评价

请根据实际学习情况，给自己打个分吧！

序号	评价内容	满分（分）	得分（分）
1	了解贵重货物进出港的交接工作	10	
2	了解贵重货物航空运输中的中转处理	10	
3	了解贵重货物的装载要求	10	
4	掌握贵重货物进出港操作流程	10	
5	掌握贵重货物卸机注意事项	10	
6	掌握贵重货物到港时不正常情况处理的方法	10	
7	能够根据所学知识模拟贵重货物进出港业务	10	
8	具备强烈的团队合作精神，积极参与小组活动	10	
9	具备遵守各种行为规范和操作规范的意识	10	
10	具备运用批判策略和创造策略从多方面考虑问题的能力	10	
	合计	100	

项目五　国际普通货物航空货运

任务一　国际普通货物收运

☀ 任务目标

同学们，本节将带领大家学习国际普通货物收运的相关内容，学习结束后你们需要达到以下目标。

知识目标	1. 了解国际普通货物的收运条件 2. 掌握国际普通货物的包装要求 3. 掌握国际普通货物的航空运费计算方法
技能目标	1. 能够合理包装国际普通货物 2. 能够填写国际普通货物托运书 3. 能够正确计算国际普通货物航空运费
素养目标	1. 具备良好的沟通能力和团队合作精神 2. 能够利用互联网准确收集并总结有用信息

⚲ 任务描述

2020年11月，某客户委托长风道通货代操作一票国际普通货物收运业务，具体信息如下。

托运人：北京童趣玩具有限公司。

联系电话：010 - 8836 ××××。

发货地址：北京市朝阳区大悦城1B×××。

收货人：Tokyo Hongri Trading Co.，Ltd.。

收货地址：10－5－×××，Chome 7，Kasugacho，Tokyo，Japan。

联系电话：0081－03－347×××××。

出发地：北京。

目的地：东京。

货物名称：毛绒玩具。

货物数量：1000 个。

包装件数：10 箱。

包装尺寸：50cm×40cm×35cm。

货物净重：200kg。

货物毛重：210kg。

货物价值：4531.65 美元。

标记：N/M。

事业部姜经理将此票货物交由李伟操作。

📎 任务要求

请李伟依据任务描述中的货物信息，完成国际普通货物收运业务。

✂️ 任务实施

步骤一　分析货物特性

1. 国际航空货物运输

国际航空货物运输是指根据当事人订立的航空货物运输合同，无论货物运输有无间断或者有无中转，运输的始发地、目的地或者约定的经停地之一不在同一国境内的货物运输。

2. 航空运输货物分类

（1）普通货物。

普通货物是指对运输、装卸、保管无特殊要求的货物。常见的普通货物有日用品、服装、毛绒玩具等。毛绒玩具如图 5－1－1 所示。

图 5 - 1 - 1   毛绒玩具

（2）特种货物。

特种货物是指在运输过程中需要特殊处理或特别注意的货物，其内容包括贵重货物、鲜活易腐货物、活体动物、公务货物、危险货物、急件货物等。活体动物如图 5 - 1 - 2 所示。

图 5 - 1 - 2   活体动物

经查阅，李伟确定本次承运的毛绒玩具属于普通货物。

⊕ 小贴士

需要提供空运鉴定的货物

1. 带磁性的货物

根据 IATA902 国际航空运输协议的要求，距被测货物表面 2.1m 处的任意磁场强度应小于 0.159A/m（200nT）才可作普通货物运输（出普通货物鉴定）。凡是含有磁性材料的货物均会在空间产生磁场，需要进行磁性货物的安全检测，以保证飞行安全。例如，磁棒、磁环、指南针等。

2. 粉末类货物

粉末类货物必须提供空运鉴定报告，如金刚石粉、螺旋藻粉、各种粉末状态的植物提取物。

3. 含有液体、气体的货物

例如，某些仪器可能含有整流管、温度计、气压计、压力计、水银转换器等。

4. 化工类货物

提及化工类货物，就要说到化学品安全技术说明书（MSDS），MSDS 是化工类货物空运中需提供的空运鉴定报告。化工类货物大体可以分为危险化工类货物和普通化工类货物。空运当中常见的是普通化工类货物，即可以按照普通货物运输的化工类货物，这种化工类货物必须有普通化工类货物的空运鉴定（证明这个货物属于普通化工类货物的鉴定报告）才能承运。

5. 带油性物质的货物

有些货物可能带有油性物质，这类货物也是具有危险性的。例如，野营设备或野营用具可能带有易燃液体，如煤油、汽油等；汽车组件中可能含有带燃料的化油器或油料箱。

6. 带电池的货物

电池的分类比较复杂，某些电池或含有电池的产品可能是危险品，故涉及电池或含有电池的产品空运时需要鉴定报告作为支持。通常，智能手机、电动轮椅等可能含有电池。

步骤二　包装国际普通货物

航空公司在收运货物时，会检查货物包装，不符合要求的货物会被拒收，所以货物包装是非常重要的。

1. 国际普通货物包装要求

关于国际普通货物的包装，一般要求如下。

①货物包装要坚固、完好、轻便，在运输过程中能防止包装破裂，防止内件漏出、散失，污染飞机。不会因码垛、摩擦、震荡或因气压、气温变化而引起货物损坏或变质、损伤人员或污染飞机、地面设备及其他货物。

②包装除应适合货物的性质、状态和重量外，还要便于搬运、装卸和堆放，便于计算数量。

③包装外部不能有突出的棱角、钉、钩和刺等。

④包装要整洁、干燥、不油腻、没有异味。

⑤包装内的衬垫材料（如木屑、纸屑）不能外漏。

⑥除纸袋包装的货物（如文件），托运货物都应使用包装带捆扎。严禁使用草袋包装或使用草绳捆扎货物。

⑦托运人应当根据货物性质、重量、运输条件和承运人的要求，采用适当的内/外包装材料和包装形式，妥善包装。

⑧精密、易碎、怕震、怕压和不可倒置的货物，必须采取相应的防止货物损坏的措施。

⑨超大、超重货物外包装要符合飞机的地板承受力要求。

⑩国际普通货物包装不能有危险品 UN 编号（联合国编号）。

2. 货物标签

货物标签是承运人印制的专为标明起讫点、货运单号、货物件数和重量的标记。标签有粘贴性标签和拴挂型标签两种。货物标签的使用要求如下。

①在使用前应清除所有与运输无关的标签。

②体积较大的货物需对贴两张标签。

③袋装、捆装、不规则包装除使用拴挂型标签外，还应在包装上写明货运单号和目的地。

贴有货物标签的货物如图 5-1-3 所示。

本次承运货物的外包装为纸箱，收到货物后，李伟详细地检查了货物外包装，确认外包装无破损，且符合空运要求。

图 5 – 1 – 3　贴有货物标签的货物

步骤三　国际普通货物收运

1. 收运条件

（1）一般规定。

在实际收运操作中，国际普通货物收运条件的一般规定如下。

①根据各有关航空公司的规定，托运人所交运的货物必须符合有关始发国家、中转国家和到达国家的法令和规定及各有关航空公司的一切运输规定。

②凡我国政府及有关国际组织和空运企业规定的不得承运的货物，不得收运。

③托运人必须办妥检验检疫等出境手续。

（2）价值限制。

每批货物的声明价值不得超过 10 万美元或其等值货币，超过时，应分批交运。若货物不宜分开，必须经航空公司批准后方可收运。

（3）付款要求。

①货物的运费可以预付，也可以到付，但需注意，货物的运费和声明价值附加费，必须全部预付或全部到付。

②在目的地发生的其他费用，只能全部到付。

2. 收运程序

代理人在收运货物时，应认真完成下列程序。

（1）知悉货物内容。

了解托运人所交货物是否属于特定条件下运输的货物，特别应注意交运的货物是否属于危险品，或货物中是否含有危险品。如果属于或含有危险品，应按照相关规定处理。

（2）确认货物目的地。

代理人应了解托运人所交货物的目的地是否有通航地点，如果目的地无通航地点，可建议托运人将货物目的地改为离目的地最近的一个通航地点，但收货栏仍需填写所交货物的目的地。

（3）检查货物的包装和尺寸。

代理人在收运货物时，应检查货物的包装情况和货物的尺寸。对于不牢固、过于简陋及带有旧标志的包装，应要求托运人重新包装。另外，应检查货物的尺寸是否符合所装载机型的要求，对于联程货物，则应考虑其中转航站所适用的机型。

货物收运检查的一项重要工作是确定货物的件数、尺寸和重量，尤其是重量，重量是承运人保证配载平衡和收取运费的重要依据，货物的重量统计出现失误，不但会影响承运人的收入，甚至会对飞行安全造成威胁。

（4）检查报关材料。

代理人在收运货物时，还需要检查货物的报关材料是否齐全。

3. 航空货物收运的限制

航空运输中收运的货物必须符合相关法律法规及其他特定文件的要求，对于不符合要求的货物，航空公司有权拒绝收运，必要时还应及时报告相关部门对违禁货物进行查处。

（1）我国政府明令禁止运输的货物。

①菌种类：鼠疫毒菌、霍乱毒菌、马脑脊髓炎病毒和鹦鹉病病毒等。

②带有传染性的物品：旱獭及其皮、肉、内脏、脂肪，以及旱獭制品等。

③水银、以水银填充的仪器仪表等。

④虎骨、犀牛角及其制成品。

（2）凡是国家法律和规定禁止运输的货物，严禁收运。禁止运输货物还包括承运人规定不予承运的货物。禁止运输未依法持有运输证明或未依法加载相关专用标识的野生动植物及其产品。如发现非法运输野生动植物及其产品的，应及时报告公安机关或相关管理部门，配合执法机关查处违法行为。

（3）凡是国家法律和规定限制运输的货物，必须具备符合规定的条件才能承运。

（4）其他收运限制。

①普通货物内不得夹带危险货物、政府禁止运输和限制运输的货物、贵重货物、保密文件等。

②货物的重量、包装、尺寸、标记及托运人的付款方式均应符合航空公司的有关规定。

③货物不致危害飞机、人员的安全，不致烦扰旅客。

④货物的储运要求不能超过航空公司的储运条件。

货物收运场景如图 5 - 1 - 4 所示。

图 5 - 1 - 4　货物收运场景

对于联程货物，除应满足上述条款和 IATA 相关收运和操作要求外，还须符合参与联运的承运人及其所属国家的差异化要求。

货物经过安检入仓后，收运员核对货物信息，确认无误后，对货物称重。记录完总重量，根据直单、分单的要求向海关发送运抵报告，将过磅纸和货物托运书交还给货运代理去办理海关手续，完成货物收运。

⊕小贴士

航空货物重量换算

在航空货物运输中，货物重量包括实际重量、体积重量和计费重量。

计费重量指的是在收运过程中，综合考虑货物的实际重量和体积重量两个方面确定的用以收取航空运费的重量。因为飞机货舱有载量和空间的双重限制，如果货物尺寸较大，但密度较小，重量轻，依然按照实际重量收取运费的话，显然不利于承运人的经济利益，所以承运人会按照一定标准将货物体积折合成体积重量。

在航空货物运输中，如果使用公制单位，货物尺寸以厘米（cm）计量，若有余数，四舍五入取整；如果使用英制单位，货物尺寸以英寸（in）计量，若有余数，四舍五入取整。需注意的是，英制单位是二等分，即以 1/2、1/4、1/8 这样的数字表示余数。例如：$151.4cm \approx 151cm$；$90.6cm \approx 91cm$；$75 \frac{1}{2} in \approx 76\ in$；$80 \frac{1}{8} in \approx 80\ in$。

在航空货物运输中，如果使用公制单位，货物的实际重量以千克（kg）计量，进位方法为重量不足 0.5kg 进到 0.5kg，超过 0.5kg 进到 1kg；如果使用英制单位，货物重量以磅（lb）计量，不足 1lb，则进位到 1lb。例如：$89.6kg \approx 90kg$；$71.1kg \approx 71.5kg$；$70.7lb \approx 71lb$。因为在国际运输当中会用到英制单位，所以体积重量的换算标准如下：每 6000cm³ 折合 1kg，每 366cu.in 折合 1kg，每 166cu.in 折合 1lb。若有余数，进位方法同货物实际重量的进位方法。

将货物的实际重量和体积重量相比较，取其高者为计费重量，用以填制货物托运书（航空货运单内的计费重量可能是较高重量分界点的重量）。如果货物体积重量大于实际重量，则该票货物为轻/泡货物。

例如，一票国际货物，共 8 箱，箱子的尺寸为 24in×65in×18in，此票货物的实际重量为 407kg，确定该票货物的计费重量。该货物的体积为 $24 \times 65 \times 18 \times 8 = 224640$（cu.in），体积重量为 $224640 \div 366 = 613.77$（kg）≈ 614（kg），将体积重量和实际重量相比，确定此票货物的计费重量为 614kg。

步骤四 填写国际货物托运书

国际普通货物航空运输业务中，托运人在交运普通货物时，应填写国际货物托运书，并提供与运输有关的文件，托运人应对国际货物托运书上所填内容及所提供的与运输有关文件的正确性和完备性负责。

国际货物托运书是托运人办理货物托运时填写的书面文件，是据以填写正式航空运输文件——航空货运单的凭证。国际货物托运书应该由托运人填写，托运人应在国际货物托运书上签字或盖章，并对所填写内容的真实性负责。实际操作中，托运人一般事先填写好基本信息，如托运人地址和收货人地址等；航空公司和其机场地面代理审核并填写货物重量、尺寸、件数等核心信息。

填写国际货物托运书的基本规定包括以下几项。

①国际货物托运书应使用钢笔、圆珠笔书写，有些项目如名称、地址、电话等可盖戳印代替书写。字迹要清晰易认，不能潦草。不能使用非国家规定的简化字。国际货物托运书通常用英文填写。

②一张国际货物托运书的货物只能有一个目的地、一个收货人，并以此填写一份航空货运单。

③运输条件或性质相互抵触的货物，不能使用同一张国际货物托运书托运，如活体动物和普通货物不能填写在同一张国际货物托运书上。

④国际货物托运书应当和相应的航空货运单存根联及其他必要的运输文件副本放在一起，按照航空货运单号码顺序装订成册，作为核查货物运输的原始依据。

李伟根据货物信息和航班信息，填写了国际货物托运书，如表 5-1-1 所示。

表 5-1-1　　　　　　　　国际货物托运书

国际货物托运书
SHIPPER'S LETTER OF INSTRUCTION

始发站 Airport of Departure BEIJING	供承运人用 For Carrier Use Only	
到达站 Airport of Destination TOKYO	航班/日期 Flight/Date 2020. 11. 4	
托运人姓名及地址 Shipper's Name & Address Beijing Children's Fun Toys Co., Ltd. 1B×××Joy City, Chaoyang District, Beijing, China 010-8836××××	运费 Charges	
	运费预付 P. P.	P. P
	运费到付 C. C.	

收货人姓名及地址 Consignee's Name & Address Tokyo Hongri Trading Co., Ltd. 10 - 5 - ×××, Chome 7, Kasugacho, Tokyo, Japan 0081 - 03 - 347 ××××	托运人声明价值 Shipper's Declared Value USD4531. 65
	保险金额 Amount of Insurance USD50. 00
通知方 Notify Party Seven Burg 10 - 5 - ×××, Chome 7, Kasugacho, Tokyo, Japan 0081 - 03 - 347 ××××	随附文件 Documents To Accompany Air Waybill NONE

标记及号码 Marks & Number	货物名称 Description of Goods	件数 Number of Package	实际重量 Gross Weight	净重 Net Weight	体积 Volume
N/M	毛绒玩具 Stuffed Toy	10CTNS	210kg	200kg	$0.7m^3$
备注 Remarks					

注意:

1. 托运人请证实以上所填全部属实并遵守承运人的一切载运章程。

2. 地址请用英语填写。

3. 货物名称请用中英文填写。

经办人	Liwei	日期	2020. 11. 02

步骤五　结算运费

1. 普通货物运价的定义、代号及内容

普通货物运价是指除等级货物运价和指定商品运价以外的适用于普通货物运输的运价。

一般来说，普通货物运价根据货物重量的不同，分为若干个重量等级分界点运价。例如，"N"表示标准普通货物运价，指的是45kg以下普通货物运价（若无45kg以下运价时，N表示100kg以下普通货物运价）。同时，普通货物运价还有"Q45""Q100""Q300"等不同重量等级分界点的运价。这里"Q45"表示45kg以上（包括45kg）普通货物的运价，以此类推。对于45kg以上的不同重量等级分界点的普通货物运价均用"Q"表示。

用货物的计费重量和其适用的普通货物运价计算而得的航空运费不得低于运价资料上公布的航空运费的最低收费标准（M）。

这里，代号"N""Q""M"主要用于填制航空货运单运费计算栏中"RATE CLASS"项目。

2. 普通货物运价计算及运费细目栏的填写

计算步骤中相关的术语解释如下。

Volume：体积。

Volume Weight：体积重量。

Gross Weight：实际重量。

Chargeable Weight：计费重量。

Applicable Rate：适用运价。

Weight Charge：航空运费。

3. 计算航空运费

李伟查阅了航空公司运价表，运价表1如表5-1-2所示。

表5-1-2　　　　　　　　　运价表1

BEIJING	CN		PEK
Y. RENMINBI	CNY		KGS
TOYKO	JP	M	320.00
		N	48.34
		45	35.29
		500	26.21

综上所述，此票货物的航空运费计算步骤如下。

体积：$50 \times 40 \times 35 \times 10 = 700000$（$cm^3$）

体积重量：$700000 \div 6000 \approx 116.67$（kg）

实际重量：210kg

计费重量1：210kg

费率1：Q45 35.29 元

航空运费1：$210 \times 35.29 = 7410.90$（元）

用较高重量分界点的较低运价计算，计算内容如下。

计费重量2：500kg

费率2：Q500 26.21 元

航空运费2：$500 \times 26.21 = 13105.00$（元）

两种方式比较，取运费较低者，即本次航空运费为7410.90元。

4. 运费计算案例

线路：北京至新加坡。

货物信息：金属螺丝，实际重量为38kg，1箱，箱子尺寸为95cm×55cm×33cm。

运价表2 如表5-1-3所示。

表5-1-3 运价表2

| BEIJING | CN | | PEK |
Y. RENMINBI	CNY		KGS
SINGAPORE	SG	M	230.00
		N	36.66
		45	27.50
		300	23.46

综上所述，此票货物的航空运费计算步骤如下。

体积：$95 \times 55 \times 33 = 172425$（$cm^3$）

体积重量：$172425 \div 6000 \approx 28.74$（kg）

实际重量：38kg

计费重量 1：38kg

费率 1：N 36.66 元

航空运费 1：$38 \times 36.66 = 1393.08$（元）

用较高重量分界点的较低运价计算，计算内容如下。

计费重量 2：45kg

费率 2：Q45 27.50 元

航空运费 2：$45 \times 27.50 = 1237.50$（元）

两种方式比较，取运费较低者，即本次航空运费为 1237.50 元。

任务评价

请根据实际学习情况，给自己打个分吧！

序号	评价内容	满分（分）	得分（分）
1	了解国际航空货物运输的含义和内容	10	
2	了解国际普通货物的收运条件	10	
3	掌握国际普通货物的包装要求	10	
4	掌握国际普通货物的收运程序	10	
5	掌握国际普通货物的航空运费计算方法	10	
6	掌握填写国际货物托运书的基本规定	10	
7	能够根据所学知识模拟国际普通货物收运业务	10	
8	具备强烈的团队合作精神，积极参与小组活动	10	
9	具备遵守各种行为规范和操作规范的意识	10	
10	具备运用批判策略和创造策略从多方面考虑问题的能力	10	
	合计	100	

任务二　国际普通货物出口

任务目标

同学们，本节将带领大家学习国际普通货物出口的相关内容，学习结束后你们需要达到以下目标。

知识目标	1. 了解国际普通货物出口订舱 2. 了解国际普通货物出口报关所需单证 3. 掌握国际普通货物出口操作流程
技能目标	1. 能够对国际普通货物进行合理配载 2. 能够办理国际普通货物出口手续 3. 能够完成国际普通货物装箱、装板
素养目标	1. 具备良好的沟通能力和团队合作精神 2. 能够利用互联网准确收集并总结有用信息

任务描述

在上一个任务中，李伟已经完成了这批玩具的收运工作。接下来，李伟要安排这批玩具出口。

任务要求

请李伟依据上一任务里任务描述中的货物信息，完成国际普通货物出口业务。

任务实施

步骤一　确定航班

1. 预配舱

托运人或其代理人汇总委托信息和客户预报信息，并输入计算机系统，计算出各航线需分配的件数、重量、体积，按照客户的要求和货物情况，根据各航空公司不同机型的飞机对不同板箱的重量和高度要求，制定预配舱方案，并给每票货物配上运单号。

2. 预订舱位

托运人或其代理人根据所制定的预配舱方案，按照航班、日期打印出总运单，向航空公司预订舱位。

3. 交接单证

首先，航空公司相关人员接收托运人或其代理人送交的经审核确认的国际货物托运书和收货凭证。

其次，航空公司相关人员将计算机系统中的收货记录与收货凭证进行核对。

最后，航空公司相关人员制作操作交接单，填上所收到的各种单证份数，给每份交接单配上一份总运单或分运单。将制作好的操作交接单、总运单或分运单移交制单部门。

4. 填制航空货运单

航空货运单包括总运单和分运单，填制航空货运单的主要依据是发货人提供的国际货物托运书，国际货物托运书上的各项内容都应体现在航空货运单上，一般用英文填写。

5. 订舱

接到发货人的发货预报后，货运代理向航空公司吨控部门领取并填写订舱单，同时提供相应的信息，如货物的名称、体积、重量、件数，目的地，要求出运的时间等。航空公司根据实际情况安排舱位和航班。货运代理订舱时，可依照发货人的要求选择最佳的航线和承运人，同时为发货人争取最合理的运价。

订舱后，航空公司签发舱位确认书（也称舱单），同时给予装货集装器领取凭证，以示舱位订妥。

李伟根据上述流程，确定了航班。

⊕ 小贴士

主要国际机场三字代码

主要国际机场三字代码如表 5 - 2 - 1 所示。

表 5 - 2 - 1　　　　　　　　　　　主要国际机场三字代码

机场英文全称	中文全称	三字代码	所在国家
Beijing Capital International Airport	北京首都国际机场	PEK	中国
Paris Charles de Gaulle Airport	巴黎夏尔·戴高乐机场	CDG	法国
Narita International Airport	成田国际机场	NRT	日本
Kansai International Airport	关西国际机场	KIX	日本
Washington Dulles International Airport	华盛顿杜勒斯国际机场	IAD	美国
Heathrow Airport	希思罗机场	LHR	英国
O'Hare International Airport	奥黑尔国际机场	ORD	美国

步骤二　出口报关

航班确定之后，就需要对将要出运的货物完成报关。

李伟持合同、发票、报关单等单证向海关申报，海关审核无误，就在航空货运单正本上加盖海关放行章，同时在出口收汇核销单和报关单上也加盖海关放行章。这样就完成了出口报关手续。

在国际普通货物出口报关操作中，涉及的主要单证有以下六个。

1. 出口货物报关单

出口货物报关单需加盖出口经营单位的报关专用章，是出口经营单位向海关申报出口的重要单证，也是海关直接监督出口行为、核准货物放行及对出口货物汇总统计的原始资料，直接决定了出口外销活动的合法性。出口货物报关单示例如表 5 - 2 - 2 所示。

表 5 - 2 - 2 　　　　　　　　　　　　　出口货物报关单示例

预录入编号：　　　　　　　海关编号：

出口口岸		备案号		出口日期		申报日期
经营单位		运输方式		运输工具名称		提运单号
发货单位		贸易方式		征免性质		结汇方式
许可证号		运抵国（地区）		指运港		境内货源地
批准文号		成交方式	运费		保费	杂费
合同协议号		件数	包装种类		毛重（千克）	净重（千克）
集装箱号		随附单证				生产厂家
标记唛码及备注						

项号	商品编号	商品名称、规格型号	数量及单位	目的港	单价	总价	币制	征免

税费征收情况

录入员 录入单位	兹声明以上申报无讹并承担法律责任	海关审单批注及放行日期（签章）
		审单　　　　　审价
报关员		
申报单位	申报单位（签章）	
		征税　　　　　统计
邮编　　电话　　　填制日期		

2. 装箱单

装箱单是发票的补充单证，它列明了信用证（或合同）中买卖双方约定的有关包装事宜的细节，便于国外买方在货物到达目的港时供海关检查和核对货物，通常可以将其有关内容加列在发票上，但是在信用证有明确要求时，就必须严格按信用证约定的内容加列，有时装箱单还需加盖出口经营单位的公章。类似的单证还有重量单、规格单、尺码单等。其中，重量单用来列明每件货物的毛重、净重；规格单用来列明每件货物包装的规格；尺码单用于列明每件货物的尺码和所有货物的总尺码。装箱单示例如表 5 - 2 - 3 所示。

表 5 - 2 - 3 装箱单示例

Exporter			PACKING LIST			
Importer			P/L Date			
			Invoice No.			
			Invoice Date			
			Contract No.			
Letter of Credit No.			Date of Shipment			
From			To			
Marks	Description of Goods; Commodity No.	Quantity	Package	G. W	N. W	Meas.
Total Amount						
Exporter Stamp An Signature						

3. 发票

发票需加盖出口经营单位的公章，发票是出口贸易结算单证中最重要的单证之一，其他单证都应以它为中心来缮制。因此，在制单顺序上，往往首先缮制发票。发票是卖方对装运货物的整体情况详细列述的一种货款价目清单。它常常是卖方陈述、申明和提示某些事宜的书面文件。另外，发票也是进口国确定征收进口关税的基本资料。发票示例如表 5 - 2 - 4 所示。

表 5 - 2 - 4 　　　　　　　　　　发票示例

Issuer:　　　　　　　　 To:	COMMERCIAL INVOICE		
Transport Details:	No. :		Date:
	Contract No. :		L/C No. :
Marks & Numbers	Description of Goods	Quantity	Unit Price（USD）	Amount（USD）
Total（USD）				

4. 代理报关委托书

代理报关委托书是托运人向货运代理委托办理报关手续时需提交的单证。代理报关委托书示例如图 5 - 2 - 1 所示。

5. 国际货物托运书

国际货物托运书是国际航空货物运输中托运人委托他人办理托运的单证。根据《华沙公约》的规定，航空货运单应由托运人填开，但也可委托承运人或其代理人代替填开。

在实际工作中由于种种原因，托运人往往不能亲自填开航空货运单，不能亲自在航空货运单上签字，因此就必须使用国际货物托运书，委托承运人或其代理人代替其填开航空货运单，并代表托运人在航空货运单上签字。国际货物托运书是托运人对所运货物有关情况的说明，被委托人可凭此托运书填制航空货运单。国际货物托运书上

代理报关委托书

我单位（A逐票、B长期）委托贵公司代理以下通关事宜（A填单申报、B辅助查验、C垫缴税款、D办理海关证明联、E审批手册、F核销手册、G申办减免税款、H其他，详见《委托报关协议》）。

我单位保证遵守《中华人民共和国海关法》和有关行政法规，保证所提供的信息属实、完整，保证单货相符，无侵犯他人知识产权的行为。否则，愿承担相关法律责任。

本委托书有效期自签字之日起至　　年　月　日止。

委托方（盖章）：

法定代表人或其授权签署《代理报关委托书》的人（签字）：

　　年　月　日

委托报关协议

为明确委托报关具体事项和各自责任，双方经平等协商签订协议如下：

委托方		被委托方		
主要货物名称		报关单编码		
HS编码		收到单证日期		
货物总价		收到单证情况	□合同	□发票
进/出口日期			□装货清单	□提单
提单号			□加工贸易手册	□经营许可证
贸易方式		其他单证		
原产地/货源地		报关收费		
其他要求		承诺说明		
说明：背面所列通用条款是本协议不可分割的一部分，对本协议的签署表明了对背面通用条款的同意。				
委托方业务签章： 经办人签章： 联系电话：		被委托方业务签章： 经办人签章： 联系电话：		

图 5-2-1 代理报关委托书示例

有托运人和收货人的姓名和地址，始发站和到达站，货物名称、件数、实际重量等，托运人声明价值等内容。上述内容要求正确无误，否则凭此托运书填制的航空货运单会因内容不实或存在差错而造成承运人或其他人的损失。

6. 航空货运单

航空货运单是承运货物的航空公司或其代理人在收到承运货物、接受货物托运人空运要求后签发给托运人的货物收据。航空货运单也是托运人与承运人之间的运输合同，但它与海运提单不同，不具有物权凭证的性质，是一种不可议付的单证。

航空货运单由托运人、承运人或其代理人填写，托运人或其代理人应对运单上填写的各项内容的正确性负责。如因航空货运单内容不实或存在差错，以致承运人或其他人损失时，托运人要承担责任。托运人在航空货运单上签字，表示接受航空货运单背面的承运条款。航空货运单必须由承运人签字方能生效，承运人从此时开始承担责任，一直到目的站将货物交给收货人时终止责任。

收货人在目的站提货，不是凭航空货运单，而是凭航空公司发出的提货通知单。航空货运单正本的背面均印有承运条款。航空货运单右上角和右下角各有一组数字，其中右上角的运单号码由两部分数字组成，前三位数字是民航公司的代号，后八位数字则是运单顺序号。航空公司收货时，将印有运单号码的小标签粘贴在每件货物的外包装上以便识别货物。

步骤三　货物装载

1. 接收货物

接收货物是指航空公司把即将发运的货物从发货人手中接过来并运送到自己的仓库。

接收货物时应对货物进行过磅和丈量，并根据发票、装箱单或送货单清点货物，核对货物的数量、品名、合同号或唛头等是否与航空货运单上所列信息一致；检查货物的外包装是否符合运输要求，外包装是否坚固、完好，包装材料是否良好，包装上收货人信息是否清楚、明了等。

2. 做标记和贴标签

标记的内容包括托运人和收货人的姓名、地址、联系电话、传真等。

航空公司张贴的标签上前三位数字是本航空公司的代号，后八位数字是运单顺序号。分标签是航空公司对货物出具分运单的标识，分标签上应有分运单号码和货物到达城市或机场的三字代码。一件货物贴一张航空公司标签，有分运单的货物，再贴一张分标签。

3. 编制出仓单

配舱方案制定后就可着手编制出仓单，出仓单包括出仓单的日期、承运航班的日期、装载板/箱形式、货物进仓顺序编号、总运单号、件数、重量、体积、目的站三字代码和备注。

4. 提板、提箱

向航空公司申领集装板、集装箱并办理相应的手续。提板、提箱时，应领取相应的塑料薄膜和网套。对所使用的集装板、集装箱要登记、销号。

5. 货物装箱、装板

货物装箱、装板时的注意事项如下：不要用错集装箱、集装板；货物尺寸不要超过集装箱、集装板的尺寸；垫衬时，封盖好塑料纸，防潮、防雨淋；集装箱、集装板内货物尽可能配装整齐，结构稳定，并接紧网索，防止运输途中倒塌；对于大宗货物、集中托运货物，尽可能将整票货物装在一个或几个集装板、集装箱内运输。货物装箱、装板如图 5 - 2 - 2 所示。

图 5 - 2 - 2　货物装箱、装板

货物装箱、装板以后，在飞机抵达装货区时，运输车辆会将整箱、整板的货物拖至飞机下面，准备装机运输。机舱地板上有专门用来和集装箱、集装板相扣的锁止结构，防止集装箱、集装板滑动。

由于各个飞机机型不同，飞机的开门尺寸不一样，所以一定要按照尺寸限制装货。货物装载完毕以后，剩下的工作就是机组人员进行核验。

6. 确认签单

航空货运单在盖好海关放行章后还需要到航空公司签单，只有签单确认后才允许将相关单证、货物交给航空公司。

7. 交接发运

交接就是向航空公司交单、交货，由航空公司安排航空运输。

交单就是将随机单证和应由承运人留存的单证交给航空公司。随机单证包括第二联航空货运单正本、发票、装箱单、产地证明、品质鉴定证书等。

交货就是把与单证相符的货物交给航空公司。交货前必须粘贴或拴挂货物标签、清点和核对货物、填制货物交接清单。大宗货物、集中托运货物，以整板、整箱称重交接。零散货物按票称重，计票交接。

李伟根据上述流程完成了货物交接，货物由航空公司进行装载。

步骤四　后续跟踪

1. 航班跟踪

需要中转的货物，在货物运出后，承运人应要求航空公司提供二程、三程航班中转信息，确认中转情况。及时将上述信息反馈给客户，以便遇到异常情况及时处理。

2. 信息服务

从多个方面做好信息服务，如订舱信息服务、审单及报关信息服务、仓库收货信息服务、交运称重信息服务、一程和二程航班信息服务等。

飞机起飞后，李伟立即进行了航班跟踪，并定时将信息反馈给客户。

小贴士

国家两字代码

常见的国家两字代码如表5-2-5所示。

表5-2-5 常见的国家两字代码

英文简称	中文简称	ISO 两字代码	英文简称	中文简称	ISO 两字代码
AFGHANISTAN	阿富汗	AF	FINLAND	芬兰	FI
ANGOLA	安哥拉	AO	FRANCE	法国	FR
ARGENTINA	阿根廷	AR	GREECE	希腊	GR
AUSTRALIA	澳大利亚	AU	GUINEA	几内亚	GN
AUSTRIA	奥地利	AT	GERMANY	德国	DE
BANGLADESH	孟加拉国	BD	HAITI	海地	HT
BELGIUM	比利时	BE	HUNGARY	匈牙利	HU
BRAZIL	巴西	BR	ICELAND	冰岛	IS
CAMBODIA	柬埔寨	KH	INDIA	印度	IN
CANADA	加拿大	CA	INDONESIA	印度尼西亚	ID
CHILE	智利	CL	IRAN	伊朗	IR
CHINA	中国	CN	IRAQ	伊拉克	IQ
COLOMBIA	哥伦比亚	CO	IRELAND	爱尔兰	IE
CUBA	古巴	CU	ISRAEL	以色列	IL
DENMARK	丹麦	DK	ITALY	意大利	IT
EGYPT	埃及	EG	JAMAICA	牙买加	JM
ETHIOPIA	埃塞俄比亚	ET	JAPAN	日本	JP

步骤五 费用结算

通常在货物发运后，发货人和承运人需要进行费用结算。在运费预付的情况下，承运人向发货人收取航空运费、地面运输费、各种服务费和手续费。

　　结算方式分为月结和票结两种结算方式。托运人与货运代理人之间签订的是长期合作协议，双方之间的费用结算一般采用月结的方式。由于托运人与货运代理人之间合作不是很多，费用结算多采用票结的方式。

　　长风道通货代和北京童趣玩具有限公司属于长期合作关系，采用月结方式。

任务评价

请根据实际学习情况，给自己打个分吧！

序号	评价内容	满分（分）	得分（分）
1	了解国际普通货物出口报关所需单证	10	
2	了解国际普通货物出口订舱的内容	10	
3	了解国际普通货物出口的接收要求	10	
4	掌握国际普通货物出口操作流程	10	
5	掌握国际普通货物出口相关单证的内容	10	
6	掌握国际普通货物出口的货物装载流程	10	
7	能够根据所学知识模拟国际普通货物出口业务	10	
8	具备强烈的团队合作精神，积极参与小组活动	10	
9	具备遵守各种行为规范和操作规范的意识	10	
10	具备运用批判策略和创造策略从多方面考虑问题的能力	10	
合计		100	

任务三　国际普通货物进口

☀ 任务目标

同学们，本节将带领大家学习国际普通货物进口的相关内容，学习结束后你们需要达到以下目标。

知识目标	1. 了解国际普通货物进口交接的单证 2. 了解国际普通货物进口海关监管条件 3. 掌握国际普通货物进口操作流程
技能目标	1. 能够对国际普通货物的海关监管条件进行查询 2. 能够办理国际普通货物进口手续 3. 能够完成国际普通货物进口提货
素养目标	1. 具备良好的沟通能力和团队合作精神 2. 能利用互联网准确收集并总结有用信息

⊙ 任务描述

2020 年 11 月，某客户委托长风道通货代操作一票国际普通货物进口业务，具体信息如下。

发货人：Lego Agents USA Ltd. 。

联系电话：626 - 657 - ××××。

发货地址：333w. ocean blvd.，long beach，CA，USA。

收货人：深圳乐高代理有限公司。

收货地址：广东省深圳市南山区桃园路××号。

联系电话：0755 - 266××××。

始发地：长滩。

目的地：深圳。

货物名称：积木。

货物数量：100 套。

包装件数：10 箱。

外箱尺寸：50cm×40cm×35cm。

货物净重：160kg。

货物毛重：170kg。

货物价值：4569.06 美元。

标记：N/M。

2020 年 11 月 4 日，货物从美国长滩运出。事业部姜经理将此票货物的进口手续交由李伟办理。

任务要求

请李伟依据任务描述中的货物信息，完成国际普通货物进口业务。

任务实施

步骤一　发出到货通知

1. 代理预报

在国外发货之前，由国外代理公司将航班信息、货物信息（件数、重量、品名）、实际收货人及其地址和联系电话等内容通过传真或邮件发给目的地航空公司，这一行为被称为代理预报。代理预报的目的是让航空公司做好接货前的所有准备工作。

2. 交接单证

货物入境时，与货物相关的单证（发票、装箱单等）也随机到达，运输工具及货物处于海关监管之下。货物卸下后，将货物存入航空公司或机场的监管仓库，进行进口货物舱单录入，将舱单上的总运单号、收货人、始发站、目的站、货物件数、货物重量、货物品名、航班号等信息通过计算机系统传输给海关留存，供报关使用。

同时根据航空货运单上的收货人及地址寄发取单通知、到货通知。若航空货运单上收货人或通知人为某航空货运代理公司，则把运输单证及与之相关的货物交给该航空货运代理公司即可。到货通知如表 5-3-1 所示。

表 5 – 3 – 1　　　　　　　　　到货通知

日期：2020 年 11 月 6 日

公司编号：×××××

运单号	999 – 435 ×××××	分运单号	×××××
商品名称	积木	商品数量	10 箱　100 套
实际重量	170kg	商品体积	50cm×40cm×35cm×10
发货公司	Lego Agents USA Ltd.	发货地	美国长滩
合同编号	LG988	联系电话	0755 – 266 ××××
联系人	×××	仓库地址	广东省深圳市××机场货运站
随即单证		发票、装箱单	
备注提示		无	

航空公司的机场地面代理向航空货运代理公司交接的有国际货物交接清单、总运单、其他随机文件和货物。

交接时要注意：单单核对，即交接清单与总运单核对；单货核对，即交接清单与货物核对。只有在单单一致、单货一致的情况下才能完成交接事宜。

2020 年 11 月 6 日，李伟接到航空公司的到货通知，随即准备办理通关手续。

步骤二　理货

货物到达后，货运站将根据航空货运单上的数据，整理并核对货物的完整性，对出现破损、短缺的货物，将协助收货人向航空公司进行追查或索赔，对于分批到达的货物，将跟踪到货物全部收集完毕时。

理货时的注意事项如下。

①逐一核对每票货物件数，再次检查破损情况，如遇异常及时处理。

②按大货与小货、重货与轻货、单票货与混载货、危险品与贵重品、冷冻品与冷藏品，分别堆存、进仓。堆存时要注意货物箭头朝向和总运单、分运单标志朝向，做到"重不压轻，大不压小"。

③登记每票货储存区号，并输入系统。

机场理货场景如图 5 – 3 – 1 所示。

图 5 - 3 - 1　机场理货场景

步骤三　通关

1. 商检

（1）商检的含义。

商检，简单说来就是商品检验。一般用于进出口贸易，有时候内贸异地交易也有可能用到，不过较少。由商检机构出单证明货物符合怎样的品质，买家凭借出具的商检单可以了解到货物的品质是否与其需求的品质一致。商检单有时会列为议付单证之一。商品检验是国际贸易发展的产物，它随着国际贸易的发展成为商品买卖的一个重要环节和买卖合同中不可缺少的一项内容。商品检验体现不同国家对进出口商品实施品质管制。通过这种管制，在出口商品生产、销售和进口商品按既定条件采购等方面发挥积极作用。

（2）判断进口商品是否需要进行商检的依据。

将货物的 HS 编码，输入通关网查询，看其中监管条件那一栏是否标注海关监管条件和检验检疫类别。通关网查询界面如图 5 - 3 - 2 所示。

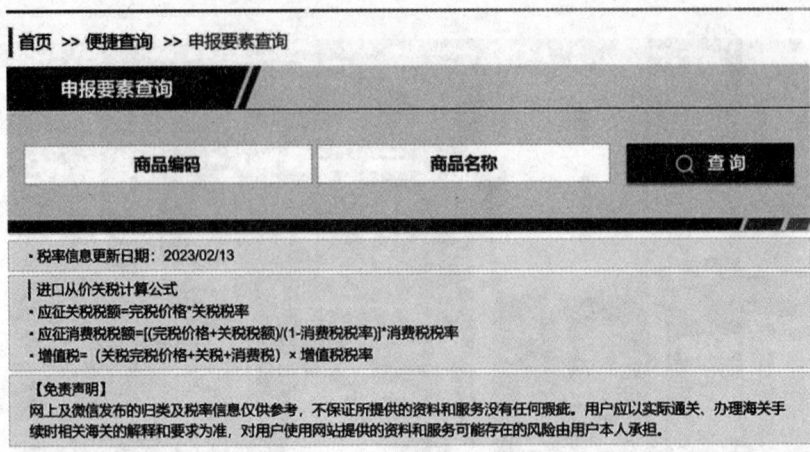

图 5 - 3 - 2 通关网查询界面

（3）海关监管条件。

①A 是进口监管，对应的检验检疫类别有进口商品检验，进境动植物、动植物产品检疫，进口食品卫生监督检验，民用商品入境验证。

②B 是出口监管，对应的检验检疫类别有出口商品检验，出境动植物、动植物产品检疫，出口食品卫生监督检验。

（4）检验检疫类别。

检验检疫类别的代码如下。

M：进口商品检验。

N：出口商品检验。

P：进境动植物、动植物产品检疫。

Q：出境动植物、动植物产品检疫。

R：进口食品卫生监督检验。

S：出口食品卫生监督检验。

L：民用商品入境验证。

2. 报关

报关是指进出口货物装船或装机出运前，向海关申报的手续。海关依照《中华人民共和国海关法》（以下简称《海关法》）和其他有关法律、行政法规，监管进出境的运输工具、货物、行李物品、邮递物品和其他物品（以下简称进出境运输工具、货物、物品）。进出境运输工具、货物、物品，必须通过设立海关的地点进境或者出境。在特殊情况下，需要经过未设立海关的地点临时进境或者出境的，必须经国务院或者国务院授权的机关批准，并依照《海关法》的规定办理海关手续。进出口货物，除另有规定的外，可以由进出口货物收发货人自行办理报关纳税手续，也可以由进出口货物收发货人委托报关企业办理报关纳税手续。进出境物品的所有人可以自行办理报关纳税手续，也可以委托他人办理报关纳税手续。

报关涉及的对象可分为进出境运输工具、货物和物品。由于性质不同，其报关程序各异。运输工具如船舶、飞机等通常应由船长、机长签署到达报关单或离境报关单，交验载货清单、空运单或海运单等单证向海关申报，作为海关对运输工具实施监管的依据。而货物和物品则应由其收发货人或其代理人，按照货物的贸易性质或物品的类别，填写报关单，并随附有关的法定单证及商业和运输单证报关。如属于保税货物，应按保税货物方式进行申报，海关对应办事项及监管办法与其他贸易方式的货物有所区别。

3. 缴税

一般在向海关申报进口货物时，须缴纳进口关税和进口增值税。

（1）进口关税。

进口关税是一个国家的海关对进口货物征收的关税。征收进口关税会增加进口货物的成本，提高进口货物的市场价格，影响和减少外国货物进口数量。因此，各国都以征收进口关税作为限制外国货物进口的一种手段。适当的使用进口关税可以保护本国工业、农业生产，也可以作为一种经济杠杆调节本国的生产和经济的发展。

进口关税的计算公式如下。

$$进口关税 = 完税价格 × 进口关税税率$$

（2）进口增值税。

进口增值税、进口消费税属于海关进出口环节代征税，与国内增值税、消费税的税收规定对应。进口货物在办理海关手续放行后，进入国内流通领域，与国内货物享受同等"待遇"，所以应缴纳国内税。但为了简化进口货物国内税的再次申报手续，这部分税依法由海关在进口环节代为征收，这就叫进口环节海关代征税（简称进口环节代征税）。目前，进口环节代征税主要有进口增值税、进口消费税两种。进口增值税的计算公式如下。

$$进口增值税 = （关税完税价格 + 关税）/（1 - 消费税率）× 增值税率$$

4. 查验

货物查验是指海关在接受申报并审核报关单的基础上对进出口货物进行实际校对检查。查验的目的是核对实际进出口货物与报关单所报内容是否相符，有无错报、漏报、瞒报、伪报等情况，审查货物的进出口是否合法，确定货物的物理性质和化学性质。进出口货物，除海关总署特准免验的之外，都应接受海关查验。海关查验货物，一般应在海关规定的时间和监管场所进行，如果有理由要求海关在监管场地之外查验，应事先报经海关同意。

海关在查验时有以下要求。

①货物的收/发货人或其代理人必须到场，并按海关的要求负责办理货物的搬移、拆/装箱和重封货物的包装等工作。

②海关认为必要时，可以例行开验、复验或提取货样，货物管理人员应当到场作为见证人。

③申请人应提供往返交通工具和住宿场所，并支付有关费用，同时按海关规定缴纳费用。

另外，我国《海关法》规定，海关在查验进出境货物、物品时，损坏被查验的货物、物品的，应当赔偿实际损失。此时，由海关关员如实填写查验货物、物品损坏报告书并签字，一式两份，海关关员和当事人各留一份。双方共同商定货物的受损程度或修理费用，以海关审定的完税价格为基数，确定赔偿金额。赔款一律用人民币支付。根据我国《海关法》的规定，除海关特准的外，进出口货物在收发货人缴清税款或者提供担保后，由海关签印放行。货物查验场景如图 5 - 3 - 3 所示。

图 5 - 3 - 3　货物查验场景

5. 通关所需材料

（1）商检所需材料。

商检所需材料有航空货运单、发票、装箱单、销售合同、原产地证明、代理报检委托书（皆须提供正本）。持以上材料，向目的地的检验检疫部门申请报检，报检完成后，检验检疫部门会出具入境货物通关单，如表5-3-2所示。

表5-3-2　入境货物通关单

收货人			标记及号码
发货人			
合同/提（运）单号	输出国家或地区		
运输工具名称及号码	目的地		集装箱规格及数量
货物名称及规格	H.S编码	申报总值	包装数量及种类
证明： 　　上述货物业已报检/申报，请海关予以放行。 　　　　　　　　　　　　　　　　　　　　　　签字：　　　日期：			

143

（2）报关所需材料。

报关所需材料有航空货运单、发票、装箱单、销售合同、代理报关委托书、入境货物通关单。持以上正本材料向目的地海关申报，申报完成后，海关会出具进口货物通关单，如表5-3-3所示。

表5-3-3　　　　　　　　　　进口货物通关单

进口口岸		备案号	进口日期	申报日期
经营单位		运输方式	运输工具名称	提运单号
收货单位		贸易方式	征免性质	征税比例
许可证号	起运国（地区）		装货港	境内目的地
批准文号	成交方式	运费	保费	杂费
合同协议号	件数	包装种类	毛重（千克）	净重（千克）
集装箱号	随附单证		用途	
标记唛码和备注				

项号	商品编号	商品名称及规格型号	数量及单位	原产国（地区）	单价	总价	币制	征免性质

税费征收情况			
录入员　　录入单位	兹声明以上申报无讹并承担法律责任	海关审单批注及放行日期（签章）	
报关员单位地址　　　　　　申报单位（签章）邮编　　电话　　填制日期		审单　　审价	
		征税　　统计	
		查验　　放行	

综上所述，李伟根据商品编码查询到本次承运货物需要进行商检，依次办理了报检、报关和货物查验手续，申报要素查询界面示例如图5-3-4所示。

申报海关：上海海关

商品编码	9503006000				
商品名称	智力玩具				
申报要素	0:品牌类型 1:出口享惠情况 2:用途 3:种类 4:品牌 5:GTIN 6:CAS				
法定第一单位	套	法定第二单位	千克		
最惠国进口税率	0%	普通进口税率	80%	暂定进口税率	-
消费税率	-	出口关税率	0%	出口退税率	13%
增值税率	13%	海关监管条件	A	检验检疫类别	L.M/
商品描述	智力玩具				

图5-3-4 申报要素查询界面示例

⊕ **小贴士**

进口报关的程序

进口货物的通关程序，就货主而言，一般可分为申报进境、交验货物、缴纳税费及凭单提货四个步骤；而就海关立场而言，则可分为接受申报、审单查验、征税、结关放行四个步骤。具体如图5-3-5所示。

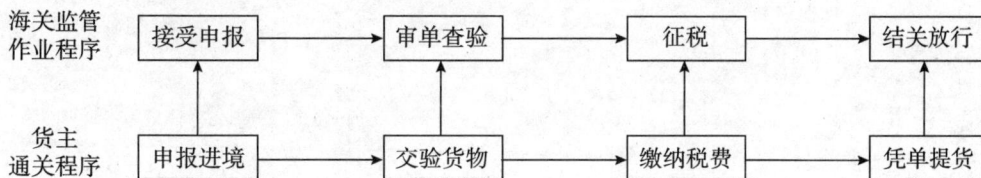

海关监管作业程序：接受申报 → 审单查验 → 征税 → 结关放行

货主通关程序：申报进境 → 交验货物 → 缴纳税费 → 凭单提货

图5-3-5 进口报关的程序

步骤四 提货

李伟完成报关、报检等进口手续后，持盖有海关放行章、检验检疫章的进口提货单到所属监管仓库提货。

提货时，海关监管仓库管理人员先检查了提货单上的各类报关章、报验章，并登记了提货人的姓名和联系方式；登记完信息后，要求提货人缴纳相应费用，李伟将运费、制单费、报关费、仓储费、装车费、铲车费、海关预录入费等需要垫付的费用一次性付清（费用结算的方式，同样也有月结的情况，这要视双方签订的协议与双方之间的信任程度而定）之后，方可提取货物，按双方事先约定，由李伟安排司机完成送货任务。

货物送达后，李伟及时制作费用结算单，发给客户确认，客户确认无误后结清费用。这样就完成了航空普通货物进口业务的操作流程。

任务评价

请根据实际学习情况，给自己打个分吧！

序号	评价内容	满分（分）	得分（分）
1	了解国际普通货物进口交接的单证	10	
2	了解国际普通货物进口发出到货通知的流程	10	
3	了解国际普通货物进口海关监管条件	10	
4	掌握国际普通货物进口操作流程	10	
5	掌握国际普通货物进口通关所需单证	10	
6	掌握国际普通货物进口提货流程	10	
7	能够根据所学知识模拟国际普通货物进口业务	10	
8	具备强烈的团队合作精神，积极参与小组活动	10	
9	具备遵守各种行为规范和操作规范的意识	10	
10	具备运用批判策略和创造策略从多方面考虑问题的能力	10	
	合计	100	

任务四　货物不正常运输与索赔

☀ 任务目标

同学们，本节将带领大家学习货物不正常运输与索赔的相关内容，学习结束后你们需要达到以下目标。

知识目标	1. 了解货物不正常运输的类型 2. 了解无人提取货物的处理方法 3. 了解变更运输的处理方法
技能目标	1. 能够处理简单的货物不正常运输情形 2. 能够认识变更运输 3. 能够完成货物不正常运输的索赔
素养目标	1. 具备良好的沟通能力和团队合作精神 2. 能够利用互联网准确收集并总结有用信息

⊙ 任务描述

2020 年 9 月，某客户委托长风道通货代向航空公司运输一批货物，由上海空运至悉尼，品名为房屋模型，用于参加展览会。该批货物共 1 件，毛重 194kg，价值 362.48 美元。航空公司所配的头程航班为 2020 年 9 月 2 日，当时按照实际货值办理了声明价值。但是由于中转港货物堆积情况严重，第二程航班始终配不上，直到 2020 年 9 月 10 日该批货物终于运到悉尼时，展会已经结束，收货人向航空公司提出索赔。具体索赔事宜由长风道通货代代为办理。

✑ 任务要求

请李伟依据任务描述中的相关信息，帮助托运人完成索赔。

⚒ 任务实施

步骤一　认识货物的不正常运输

1. 含义

不正常运输是指货物在运输过程中由于运输事故或工作差错等造成的不正常情况。凡发生不正常运输情况的航站、承运人必须立即认真调查，及时采取措施，妥善处理，将损失减少到最低。

2. 种类和代号

一般不正常运输有以下几种。

①丢失货物/邮件（Missing Cargo/Mailbag，MSCA/MSMB）。按照货邮舱单所列，应运达本站的货物而没有运达，称为丢失货物/邮件。MSCA 还可指错贴（挂）货物标签（Mislabeled Cargo）。

②有货无单（Missing AWB，MSAW）。有货无单是指在到达站只收到货物而未收到航空货运单。

③货物多收（Found Cargo，FDCA）。货物多收是指由于装卸失误，在到达站多收货物。

④有单无货（Found AWB，FDAW）。有单无货是指在到达站只收到航空货运单而未收到货物。

⑤中途落卸（Planned Offloading，OFLD）。经停站因特殊情况需要卸下过境货物，称为中途落卸。OFLD 还可指货物错卸（Offloading by Error），货物错卸是指经停站工作人员工作疏忽，不慎将其他航站的货物卸下。

⑥货物漏装（Short‑shipped Cargo，SSPD）。货物发运站工作人员在班机起飞后发现货邮舱单上已列的货物未装机，但航空货运单已随机带走，称为货物漏装。

⑦货物漏卸（Over‑carried Cargo，OVCD）。货物漏卸是指按照货邮舱单卸机时应卸下的货物而没有卸下。

⑧货物少收（Short‑landed Cargo，STLD）。货物少收是指由于装卸失误，在到达站短收货物。

⑨货物破损（Damaged Cargo，DMG）。货物破损是指货物在运输过程中出现破裂、

变形、湿损等现象。货物破损分为包装破损和货物内损两种。

包装破损是指货物的外部包装变形，使货物的价值可能或已遭受损失；货物内损是指货物包装完好而内装货物受损，只有收货人提取货物后或货物交海关时才能发现。

货物破损的处理方法如表5-4-1所示。

表5-4-1 货物破损的处理方法

发现时间	货物破损的处理方法
收运时	拒绝收运
出港操作时	破损（内物未损坏）→加固包装，继续运输
	严重破损（内物损坏）→停止运输，通知发货人或始发站，征求处理意见
进港操作时	填开不正常运输记录，拍发电报通知装机站和始发站
交接中转货物时	轻微破损→在相关单据的备注栏内说明破损情况
	严重破损→拒绝转运

3. 无人提取的货物

货物到达目的地后，由下列原因造成无人提取时，此时的货物被称为无人提取的货物。无人提取有以下几种情况。

①航空货运单所列地址无此收货人或收货人地址不详。

②收货人对提取货物通知不予答复。

③收货人拒绝提货。

④收货人拒绝支付有关款项。

⑤出现其他影响正常提货的问题。

无人提取货物应采取下列处理办法。

①由上述的任一原因所造成的货物无法交付，除航空货运单上列明的处理办法外，目的地相关人员应采取下列措施。

a. 填列无法交付货物通知单通知始发站。

b. 特殊情况可以用电报通知始发站，但随后应填列无法交付货物通知单寄交始发站。

②在收到托运人对货物的处理意见后，做如下业务处理。

a. 将货物变卖。

b. 变更收货人。

c. 变更目的地。

d. 将货物毁弃（与当地海关及航空公司联系，按当地有关法令、规定办理）。

e. 将货物变卖（与当地海关及航空公司联系，按当地有关法令、规定办理）。

f. 将货物运费由预付改为到付。

如果托运人有其他要求，可按具体情况处理，并将处理结果在航空货运单的"交付收据"联上做详细记录。

③在托运人未提出处理办法时，无法交付货物，按航空公司规定，填开无法交付货物通知单，作相应处理。无法交付货物通知单如图5-4-1所示。

无法交付货物通知单
NOTICE OF NON-DELIVERY IRREGULARITY REPORT（IRP）

编号（3）
Refer No.：

寄往　　　　　　　　　　　　填开时间
To：　　　（1）　　　　　　　Issued Date：　　（4）
寄自　　　　　　　　　　　　填开地点
At：　　　（2）　　　　　　　Station：　　　　（5）

货运单号码 AWB No.	填开地点和日期 Place and Date	件数/重量 TTL PC/WT	货物品名 Nature of Goods	到达航班/日期 Arrival FLT/Date
（6）	（7）	（8）	（9）	（10）

托运人名称、地址：　　　　　　　　　收货人名称、地址：

（11）　　　　　　　　　　　　　　　（12）

货物无人提取原因：

（13）

□收货人地址不详

□按照货运单地址找不到收货人

□收货人对到货通知无回应

图5-4-1　无法交付货物通知单

⊕ **小贴士**

货物错贴（挂）标签的处理方法

货物错贴（挂）标签是指货物标签上的航空货运单号码、件数等内容与航空货运单上的内容不符。在始发站，根据航空货运单更换货物标签；在中转站或目的站，核对航空货运单和货物外包装上的收货人，复查货物重量，如果内容相符，更换货物标签；如果内容不相符，立即通知始发站，详细描述货物的包装、尺寸或其他特征，征求处理意见。

步骤二 认识变更运输

在航空运输中，由于种种原因改变订妥航班或运输路线，这种情况称为变更运输。变更运输可以分为自愿变更和非自愿变更两种。

1. 自愿变更

自愿变更是指由于托运人的原因，承运人改变运输的部分或全部内容。变更运输方式不同，承运人采取的相应措施不同。

托运货物已收运至收货人提取前，托运人在履行货物运输合同规定的义务的条件下，有权对托运货物行使处置权。也就是说，在始发站托运人将货物交给承运人，承运人和托运人同时在航空货运单上签字后，即视为托运货物已收运。在目的站收货人没有提取航空货运单和货物，即视为收货人提取前。在托运货物已收运至收货人提取前，托运人在变更运输前应缴清所有的费用。

收货人收到航空货运单或货物后，托运人对货物的处置权即告终止。托运人不能再变更运输方式。如果收货人拒绝接收航空货运单或货物，或者承运人无法同收货人取得联系，托运人可以继续行使对货物的处置权。

2. 非自愿变更

非自愿变更是指受不可预见、不可抗力或承运人原因影响而发生的货物运输变更。对于非自愿变更在本教材中也称承运人变更运输。为保证托运货物及时运输，承运人可能在无法或来不及通知托运人或收货人的情况下改变货运单上注明的航班、航线、机型或者承运人等。发生承运人变更运输时，承运人应当及时通知托运人或收货人，商定处理办法。

由于下列原因，承运人可在不预先通知的情况下取消、变更、重新安排或推迟航班，或者在不载运货物或仅载运部分货物的情况下继续让航班飞行。

①政府规定、命令或要求。

②不可抗力，包括但不限于天气情况、骚乱、战争、罢工、不稳定国际局势、恐

怖主义行为等。

③为达到合理运输的目的，在适当考虑托运人利益的情况下，承运人可能在不预先通知的情况下使用其他运输方式运输全部或者部分托运货物至目的站。

④为了保证飞行安全或遵守法律和相关规定，承运人可以从一票货物中卸下部分或全部托运货物后继续让飞机飞行。

⑤除法律另有规定外，由于上述原因，货物的运输被取消、被重新安排等，承运人不承担任何责任。

非自愿变更的形式如下。

①变更航线、航班、日期。

②变更承运人。

③变更运输方式。

④发运前退运。

⑤经停站停运。

⑥自经停站将货物退回始发站。

⑦变更目的站。

3. 托运人进行变更运输的范围及条件

托运人进行变更运输的范围包括以下内容。

①提回货物。

②中止运输。

③回运或改运。

④变更收货人。

托运人进行变更运输的条件包括以下内容。

①书面提出申请并出示正本运单。

②保证负担由此产生的一切费用。

③收货人尚未提货或拒绝提货。

④不得要求部分变更或分批变更。

⑤不应损害承运人或其他托运人的利益。

4. 变更运输的处理方法

（1）在货物发运前，托运人要求变更付款方式或垫付款。

①承运人收回原航空货运单，开具新的航空货运单。

②承运人补收或退回运费，并按照航空公司的收费标准向托运人收取变更运输手续费和货运单费等。

（2）在货物发运前，托运人退运。

①承运人收回航空货运单正本。

②承运人扣除已经发生的各项费用。

③承运人填开退款签收单，在退款签收单上注明应当扣除款项、类别及金额。

④承运人将所剩钱款连同退款签收单的托运人联一并交给托运人。

（3）在货物发运后托运人要求变更付款方式或垫付款。

①始发站应与有关航站联系，有关航站应当复电证实。

②收到始发站要求变更运输的通知后，承运人应当视情况按照有关规定处理。

③承运人分情况补收或退回运费，并按有关航空公司的收费标准向托运人收取变更手续费等。

④托运人变更要求不能执行时，承运人应当立即通知托运人。

（4）填开货（邮）运费更改通知单（CCA）。

填开货（邮）运费更改通知单的前提条件如下。

①货物已远离始发站，但需要更改运费的具体数额或运费的付款方式时。

②须确认货物尚未交付收货人时。

③更改运费数额超过 5 美元时。

④由填制的企业交第一承运人，再由第一承运人转交第二承运人，以此类推。

⊕ 小贴士

关于 CCA 的说明

1. 用途

在运输过程中，由于托运人或承运人（或其代理人）工作差错，货物已运离始发站，需要更改运费的具体数额或运费的付款方式时，经有关承运人和货物目的站有关部门同意并复电证实后，填开 CCA，予以更正。

2. 填开原因

①托运人以书面形式提出变更运输方式或付款方式的要求，书面申请由承运人保存。

②天气恶劣、机械故障和承运人的行为所造成的非自愿变更运输而改变费用数额和付款方式。

③制单承运人发现航空货运单上所列费用错误后，将详细情况告知其他有关承运人。

④联运承运人发现航空货运单上所列费用错误后，将详细情况告知其他有关承运人。

⑤在货物的中转站所发生的费用未在航空货运单上列明时，将此项费用告知其他有关承运人。

3. CCA 是否免费

航空公司发送 CCA 电报是一种有偿服务，不同的航空公司收取的费用不同，通常在 200~800 元，有的可能要付出上千元的更改费。

4. 是否所有的机场点都可以改 CCA

根据不同目的站海关要求，不是所有的货物都可以接受 CCA 更改，如圣保罗港、瓜亚基尔港不接受 CCA 更改，只能另寄新单。所以如果有发往此类目的站的货物，一定要仔细核对航空货运单内容，避免不必要的损失。

步骤三　要求索赔

1. 索赔的含义

索赔是指托运人或其代理人、收货人或其代理人对承运人在组织货物运输的过程中，所造成的货物毁灭、破损、遗失、变质等，向承运人提出赔偿要求。

2. 索赔的依据

国际普通货物航空货运中的索赔依据为《华沙公约》《海牙议定书》等，如果涉外货运案件适用我国相关法律规定，那么索赔依据通常为《民用航空法》《民航货物国内运输规则》。

3. 索赔人

索赔人包括以下几类主体。
①航空货运单上列明的托运人或收货人。
②持有航空货运单上托运人或收货人签署的权益转让书的人员、组织或机构。

a. 受索赔人之托的律师。

b. 集运货物的主托运人和主收货人。

c. 有关的其他组织。

d. 承保货物的保险公司。

如果收货人在到达站已将货物提取，则托运人将无权索赔。除非收货人向其出具权益转让书。

4. 索赔的地点

索赔的地点通常包括始发站、目的站，以及发生事故的中转站。

5. 索赔的期限和诉讼时效

通常，损失情形和赔偿要求不同，索赔的期限和诉讼时效也就不同，如表 5 - 4 - 2 所示。

表 5 - 4 - 2 　　　　　　　　　　索赔的期限和诉讼时效

损失情形	赔偿要求	期限	诉讼时效
货物损坏、短缺	赔偿部分损失	发现时立即提出并最迟延至收到货物之日起 14 天内	2 年
货物毁灭或遗失	赔偿全部损失	自填开货运单之日起 120 天内	2 年
运输延误/延迟	赔偿经济损失	在货物由收货人支配之日起 21 天内	2 年

6. 索赔所需文件

索赔所需文件如下。

①正式索赔函两份。

②航空货运单正本或副本。

③发票、装箱单。

④货邮舱单。

⑤货物运输事故签证。

⑥商检证明。

⑦运输事故记录。

⑧来往函电打印文件等。

索赔函示例如图 5 - 4 - 2 所示。

中国国际航空公司货运部:

本公司提取来自东京的一票货物, 运单号为 999 - 12345675, 货物共 100 千克, 由 CA888/09APR 承运。该货物在目的地交付时发生严重的外包装破损 (详见贵公司开具的事故鉴定书)。现本着实事求是、维护双方共同利益的原则, 我公司向贵公司提出以下处理意见和索赔申请。该货物价值 2000 美元, 请给予原价赔偿 (参见托运人出具的受损货物价值证明)。请贵公司予以尽快办理为盼, 谢谢合作。

随附航空货运单、装箱单、发票、事故鉴定书等。

泛云代理公司

2020 年 10 月 5 日

图 5 - 4 - 2　索赔函示例

7. 赔偿规定

货物运输中, 关于赔偿事项的一般规定如下。

①责任限额为毛重每千克 20 美元, 或已支付附加费的声明价值。

②赔偿件数以运单所列的货物件数为限。

③内损货物应有外包装破损或盗窃痕迹。

④一票货物的全部或者部分货物遗失、损坏, 用以决定承运人责任限额的重量, 仅为全部或者部分货物的总重量。但是, 当一票货物的全部或者部分货物遗失、损坏, 以致影响同一份航空货运单所列的另一票货物的全部或者部分货物的价值, 在确定责任限额时, 另一票受影响货物的重量也应当考虑在内。

8. 货物运输事故签证

卸货时若发现货物破损, 由航空公司工作人员填写货物运输事故签证, 航空公司和收货人双方签字留存。货物运输事故签证如图 5 - 4 - 3 所示。

综上所述, 任务描述中该业务的处理方法如下。

①始发站和目的站位于两个国家, 属于国际航空运输, 因此适用《华沙公约》。

②按照《华沙公约》, 承运人对货物在运输过程中因延误而造成的损失应负责任。

③在本任务的任务描述中, 货物由于未赶上展会, 虽然货物本身并未发生损失,

```
航班号/始发站/目的站/日期：

航空货运单/邮件路单/行李牌号码：

受损件数/重量：

包装：□1.纸箱　□2.木箱　□3.拉杆箱　□4.（布）皮包　□5.其他

事故类别：□1.损坏　□2.包装破损　□3.丢失　□4.受潮　□5.其他

事故主要情况：□1.到达卸机时发现受损
　　　　　　　□2.出发装机时发现受损
　　　　　　　□3.其他

备注：


监装监卸员：　　　　押运员：　　　　　　货站交接员：

说明：本单一式三联，一联由押运留存，一联由监装留存，一联交货站交接人员。
```

图 5－4－3　货物运输事故签证

但对托运人造成了利益上的损失，所以当托运人按照《华沙公约》的规定条件和责任限额向承运人提出索赔时，航空公司应当向托运人赔偿。

④航空公司应向托运人赔偿 362.48 美元。

🏠 任务评价

请根据实际学习情况，给自己打个分吧！

序号	评价内容	满分（分）	得分（分）
1	了解货物不正常运输的类型	10	
2	了解无人提取货物的处理方法	10	
3	了解变更运输的处理方法	10	
4	掌握索赔的含义	10	
5	掌握货物不正常运输与索赔的相关单证	10	
6	掌握索赔流程	10	
7	能够完成货物不正常运输的索赔	10	
8	具备强烈的团队合作精神，积极参与小组活动	10	
9	具备遵守各种行为规范和操作规范的意识	10	
10	具备运用批判策略和创造策略从多方面考虑问题的能力	10	
	合计	100	

项目六　国际特种货物航空货运

任务一　国际活体动物航空货运

☀ 任务目标

同学们，本节将带领大家学习国际活体动物航空货运的相关内容，学习结束后你们需要达到以下目标。

知识目标	1. 了解活体动物航空货运基础知识 2. 了解活体动物航空货运的订舱要求 3. 了解活体动物包装容器的特点
技能目标	1. 能够掌握活体动物装载相关知识 2. 熟悉活体动物航空货运所需证明材料 3. 能够办理国际活体动物航空货运
素养目标	1. 具备良好的沟通能力和团队合作精神 2. 能够利用互联网准确收集并总结有用信息

⊠ 任务描述

2020年11月，长风道通货代接到委托，客户想将一只宠物狗从北京空运到洛杉矶，宠物狗自重17kg，笼子1kg，食物和水1kg。事业部姜经理将此票业务交给李伟操作。

⊘ 任务要求

请李伟依据任务描述中的信息，完成宠物狗托运任务。

任务实施

步骤一　检疫

活体动物运输时，托运人应提供当地县级（含）以上动植物检疫部门出具的免疫注射证明、动物检疫合格证明及笼具消毒证明。属于国家保护的动物，还需提供有关部门出具的准运证明；属于市场管理范围的动物，要有市场管理部门出具的证明。免疫证、动物检疫合格证明分别如图6－1－1、图6－1－2所示。

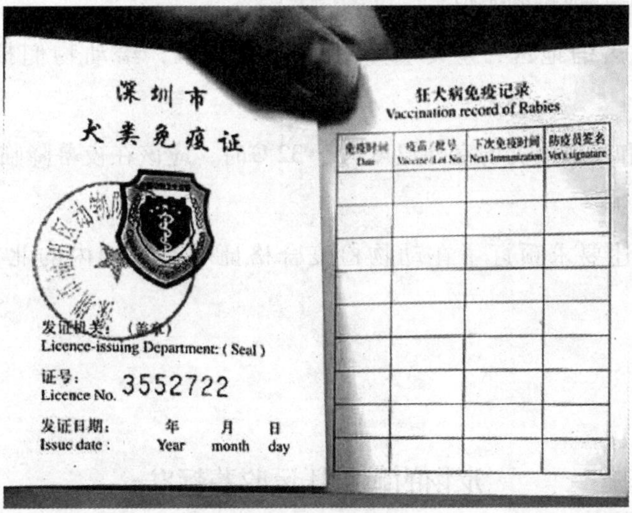

图6－1－1　免疫证

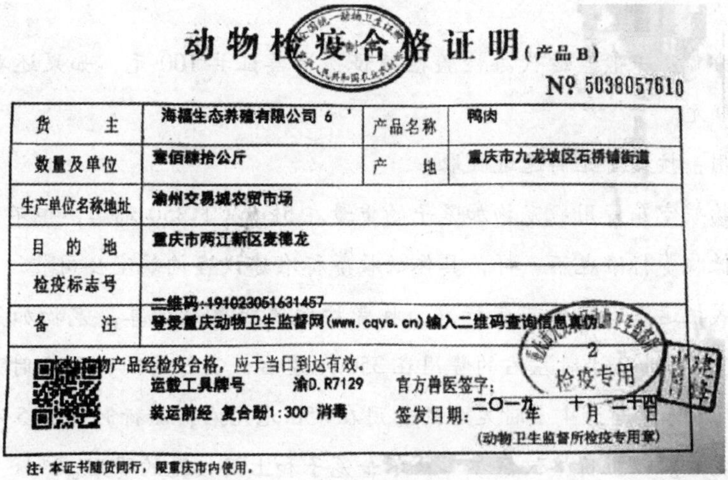

动物检疫合格证明（产品B）

№ 5038057610

货　　主	海福生态养殖有限公司 6	产品名称	鸭肉
数量及单位	壹佰肆拾公斤	产　　地	重庆市九龙坡区石桥铺街道
生产单位名称地址	渝州交易城农贸市场		
目　的　地	重庆市两江新区麦德龙		
检疫标志号			
备　　注	二维码：191023051631457 登录重庆动物卫生监督网（www.cqvs.cn）输入二维码查询信息真伪。		

本批动物产品经检疫合格，应于当日到达有效。

运载工具牌号　渝D.R7129　官方兽医签字：

装运前经　复合酚1:300　消毒　签发日期：二〇一九年　十月　二十四日

（动物卫生监督所检疫专用章）

检疫专用

注：本证书随货同行，限重庆市内使用。

图6－1－2　动物检疫合格证明

李伟通知客户先去当地宠物站或有资质的宠物医院办理免疫证和动物检疫合格证明，办好后立即通知他，一般这些证明的有效期为 7 日。

步骤二　订舱

活体动物航空货运中，订舱的有关规定包括以下内容。

①托运人应当预先订妥航班、日期。

②托运人应填写活体动物运输托运证明书。

③禁止运输患病或者状况明显不好的活体动物。

④尽量选用直达航班的舱位。

⑤在气候炎热的地区，应尽量利用早、晚航班，给动物们提供适宜的运输环境。

⑥当起始地和目的地机场室外温度大于 32℃ 时，应该在夜幕降临或天气凉爽时运输活体动物。

李伟根据上述要求预订了在动物检疫合格证明有效期内的北京—洛杉矶直达航班。

⊕ **小贴士**

宠物的航空托运收费标准

基础运费：一般为 25 元/kg，因航空公司价格常有变动，具体价格请电话咨询航空公司。

证件代办费：一般空运代办检验检疫证、消毒证共 100 元，如果还要求办理产地证那么共 150 元。

接货费用：按接货距离远近收取。

购买宠物航空箱费用：宠物加笼子的重量在 5kg 以下 350 元起，但不同城市、不同航空公司最低收费标准也不一样，具体的收费标准建议咨询航空公司。

随机方式托运没有最低消费标准，收费按航线距离来计算，宠物加笼子的重量在 5kg 以下飞行时间为 2 小时左右的费用在 350 元左右，飞行时间为 3 小时左右的费用在 400 元左右，飞行时间为 4 小时左右的费用在 450 元左右，飞行时间为 5 小时左右的费用在 500 元左右。以上价格仅供参考，不含笼子和上门接送的费用。

步骤三 包装

1. 活体动物类别

为了科学装载、运输活体动物，根据其特性将其分为以下七类。

（1）宠物、家畜类动物。

宠物、家畜类动物指人工饲养和驯养的动物，如猫、狗、猪、牛和马等。

（2）鸟、禽类动物。

鸟、禽类动物指身上有羽毛、能飞行、体温恒定的脊椎动物，如雀、燕、鸽、鸡、鸭和鹅等。

（3）除人类以外的灵长类动物。

除人类以外的灵长类动物指具有五指（趾）手、脚及更多的专门化的神经系统的动物，如猴、猿和猩猩等。

（4）爬行、两栖类动物。

爬行类动物是身体表面具有鳞或甲、体温随气温高低而变化、呼吸空气的脊椎动物，如蛇、蜥蜴、龟、鳖和玳瑁等。

两栖类动物通常没有鳞或甲，也没有毛，四肢有趾，没有爪，体温随气温高低而变化，能在水中和陆地生活，如青蛙和蟾蜍等。

（5）水生动物。

水生动物是终生生活在水里，用鳃呼吸，用鳍游泳的脊椎动物，如淡水鱼、海鱼等。

（6）昆虫类动物。

昆虫类动物指身体分头、胸、腹的节肢动物，如蜜蜂、蝎子和蚕等。

（7）未驯化的哺乳类动物。

未驯化的哺乳类动物通常是野生脊椎动物，如象、虎、狮和熊等。

2. 活体动物的包装容器

活体动物包装容器如图6-1-3所示。活体动物的包装容器具有以下特点。

①必须坚固、轻便、无毒，并符合国家有关部门及航空公司的有关规定，另外必须有足够的通气孔，以防止动物窒息。

②对于在运输中会产生排泄物的动物，包装容器底部必须设置有防止动物粪便、

尿液散溢的设施。

③对于需要进食、饮水的动物，应在包装容器内安装食具、水具或类似设施，并备有食物。

④对容器打包时，需要用包装带加固。容器打包示意图如图6-1-4所示。

图6-1-3　活体动物包装容器

图6-1-4　容器打包示意图

李伟在乘机当日，按照航空公司规定的时间，将宠物狗包装好自行运送到机场办理托运手续。

⊕ **小贴士**

宠物托运，可否办理保险

宠物运输的安全性问题已经凸显出来，但是各大航空公司仍没有提出有效的解决方案。航空公司在托运宠物时，通常与托运者签有合同，并通常都有免责声明，合同里一般都有"由于动物在运输过程中经不起不可避免的运输环境的变化，最终死亡或受伤，由此引起的任何损失或产生的任何费用，承运人不承担责任"的字样。

而且在托运宠物时，航空公司一般都不给办理保险。目前国内航空运输保险初步涉及了猫、狗、鸽子等活体动物在运输过程中的投保范围，但办理这种运输保险的手续比较烦琐。首先，保险人必须向航空公司声明运送的宠物要在有氧舱中运送；其次，保险人还要到相关鉴定部门鉴定托运宠物的价值，出具鉴定证明，在起运前与保险公司签订保险合同；最后，保险公司还要对保险人所用笼子的结实程度进行检查。而此类运输保险的保险费率也是很高的，保险费按保险金额的5%进行收取，所以办理的人很少。

步骤四　装载

1. 收运的基本条件

活体动物收运的基本条件如下。

①装载的活体动物应为健康状态，适合航空运输。

②装载属于检疫范围内的活体动物，应有检疫部门的检疫证明。

③野生动物运输应符合《濒危野生动植物种国际贸易公约》及相关国家（地区）有关野生动物运输的规定和要求，并应出具相应的证明文件才能收运。

④活体动物包装应符合活体动物航空运输包装通用要求（GB/T 26543—2011）的要求。

⑤不应收运处于怀孕状态且在运输过程中可能分娩或在此前48小时内分娩过的活体动物。在特殊情况下，收运此类动物应有兽医提供的该动物适合运输的证明。

⑥装载前应与托运人事先约定，预留舱位，并确定飞机起飞前收运活体动物的时间。

⑦通常应安排直达航班运输活体动物。需要联程运输活体动物时，应事先经联程

站确认、同意，并安排预留吨位和落实照料责任人。

2. 集装器组装要求

运输活体动物时对集装器的组装有以下要求。

①除专用集装箱外（如马厩），不得将动物（冷血动物除外）装在集装箱中运输。

②装在集装板上运输的动物不能用塑料布苫盖，雨天需要使用防雨器材加盖时，苫布与动物包装之间须留有足够空间，以便空气流通，防止动物窒息，装机时应将苫布去掉。

③集装板上应加垫防水材料，以防止动物的排泄物污染和腐蚀货舱、集装箱、集装板。

④装在集装板上运输的动物，应与其他货物分开码放，不得混装，货物之间应保留足够的距离，以保证空气流通。

⑤应使用保护限动装置，例如，用集装板网套对活体动物的包装容器进行固定。

3. 装载一般要求

活体动物装载一般有以下要求。

①应根据航空器装载技术的要求装载活体动物。

②活体动物应装在通风、温度可调控的货舱内。

③温度范围应根据实际承运物控制好，活体动物适应的温度范围具体如表6-1-1所示。

④活体动物不应装载在通风口的前面或下面，并且应尽量避开货舱的报警探头。

⑤批量运输活体动物时，应确定合适的装载数量。

⑥容器之间、容器与其他货物之间应留有适当间隙，以保证空气流通。

⑦活体动物不应直接装载在货舱的地板上，容器之下应铺有塑料布或防水布，以防止污损货舱和其他货物，同时不应被其他货物覆盖。

⑧有刺激性气味的动物或叫声较大的动物应装载在不烦扰旅客的货舱内。

⑨对于进口的活体动物，在到达口岸前的运输过程中，不应与不同种、不同产地、不同托运人或收货人的活体动物相互接触或使用同一运输工具。

⑩活体动物容器应放置平稳，必要时应固定。

⑪对办理押运的活体动物，应在押运员指导下进行装载。

⑫应填写注明活体动物名称、数量和装机位置的特种货物机长通知单，并与机长

交接，使机长在运输过程中，可根据活体动物生存温度与不同飞行高度调节货舱温度。

⑬飞机降落后应尽早打开装有活体动物的舱门通风。运输对温度敏感的动物时，应注意外部环境温度与内部货舱温度的差异。

⑭应对货舱内放置活体动物的位置进行清洁、消毒、灭菌。

⑮当航班不正常，以及遇到高温、强降雨等恶劣天气时，不应将活体动物长时间停放在货舱内或停机坪上。

表6-1-1　　　　　　　　　　　活体动物适应的温度范围

动物种类	最低温度（℃）	最高温度（℃）	备注
鸟类（一般）	7	29	—
蜂鸟	18	29	—
长毛猫	7	27	—
短毛猫	10	29	—
山猫	4	18	—
长毛犬	4	27	—
短毛犬	10	32	—
狮鼻犬	10	24	—
野生犬	7	32	—
丁戈犬	7	29	野狗
野狼	2	29	野狗
兔子	2	21	—
羊驼	7	24	—
小牛（136kg）	7	21	—
小牛（45kg）	20	24	—
小牛（乳牛）	4	21	—
奶牛	-1	24	—
牛（100kg以上）	-1	24	—
雌奶牛（怀孕）	2	24	—

动物种类	最低温度（℃）	最高温度（℃）	备注
山羊	2	29	—
公猪（23kg）	13	27	单只
公猪（23kg）	7	24	成群
公猪（113kg）	9	24	单只
公猪（113kg）	9	21	成群
小猪	10	24	成群，适宜温度17℃
猪（15kg以上）	−12	24	成群
猪（怀孕）	2	18	—
绵羊（长毛）	2	16	—
绵羊（短毛）	7	21	—
马	10	21	适宜温度16～18℃
禽类	2	24	—
鸡	2	21	—
雏鸡	13	18	纸箱温度32～38℃
鸭	10	29	—
鸭苗	27	35	纸箱温度32～38℃
鹅	10	29	—
鹅苗	27	35	纸箱温度32～38℃
火鸡	10	24	—
火鸡幼鸟	27	35	纸箱温度32～38℃
哺乳动物（小型）	7	29	—
鼠	10	32	—
猴子	21	32	—
幼猴	27	29	—
负鼠	16	27	—
瞪羚	18	27	—

动物种类	最低温度（℃）	最高温度（℃）	备注
啮齿类动物	13	27	—
豪猪	4	24	—
两栖动物	7	29	最佳温度 15～25℃
蜂	10	30	—
非洲鲫鱼	水温 15	水温 20	—
鳗鱼苗	水温 10	—	
淡水鱼苗	水温 15	—	

注1：以上所提供的温度为航程时间超过30分钟的温度，当航程时间在30分钟之内时，最低温度可降低3℃，最高温度可提高3℃。

注2：货舱湿度不大时，可在短时间突破上述温度范围。

步骤五　计算运费

航空公司关于国际宠物托运的收费标准属于不同线路区间收费。本次李伟订的航班为中国国际航空公司（以下简称国航）所有，国航关于国际宠物托运的收费标准如表6-1-2所示。

表6-1-2　　　　　　国航关于国际宠物托运的收费标准

重量（包含笼子、食物和水）	2～8kg（含8kg）	8～23kg（含23kg）	23～32kg（含32kg）
费用（元）	3900	5200	7800

本次托运的宠物狗 17kg，笼子 1kg，食物和水 1kg，总重量为 19kg。故托运费为5200 元。

🏠 任务评价

请根据实际学习情况，给自己打个分吧！

序号	评价内容	满分（分）	得分（分）
1	了解活体动物航空货运基本知识	10	
2	了解活体动物航空货运的订舱要求	10	
3	了解活体动物包装容器的特点	10	
4	熟悉活体动物航空货运所需证明材料	10	
5	掌握活体动物收运的基本条件	10	
6	掌握活体动物装载的一般要求	10	
7	能够根据所学知识模拟活体动物航空货运业务	10	
8	具备强烈的团队合作精神，积极参与小组活动	10	
9	具备遵守各种行为规范和操作规范的意识	10	
10	具备运用批判策略和创造策略从多方面考虑问题的能力	10	
合计		100	

任务二 国际危险品航空货运

任务目标

同学们，本节将带领大家学习国际危险品航空货运的相关内容，学习结束后你们需要达到以下目标。

知识目标	1. 了解危险品航空货运基础知识 2. 了解锂电池出口申报要求 3. 了解 UN 38.3 测试
技能目标	1. 能够确定危险品类别 2. 能够办理出境危险货物运输包装使用鉴定结果单 3. 能够办理国际危险品航空货运出口手续
素养目标	1. 具备严谨、认真的工作态度 2. 具备安全意识和危机预防意识

任务描述

2022 年 12 月，长风道通货代接到委托，客户想将一批锂电池从上海空运到东京，事业部姜经理将此票业务交给李伟操作。

任务要求

请李伟依据任务描述中的信息，完成锂电池的托运任务。

任务实施

步骤一 确定危险品类别

危险品是指危害健康、危及安全、造成财产损失或环境污染，且在国际航协《危险品规则》危险品表中列明和根据此规则分类的物品或物质。危险货物被定义为符合九个危险等级标准的货物，具有三个包装类别。由于危险品类别范围广泛，一些危险品类别

171

进一步细分为危险品分项。可接触的危险品与不可接触的危险品如图 6-2-1 所示。

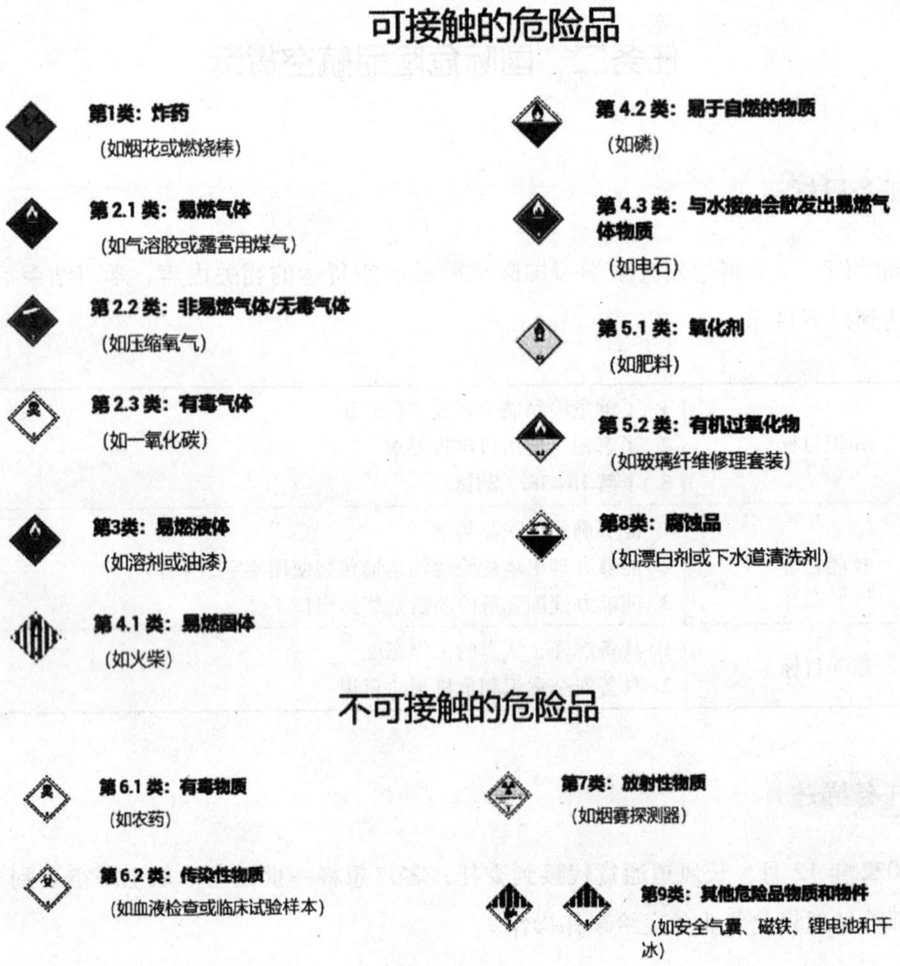

可接触的危险品

第1类: 炸药
(如烟花或燃烧棒)

第2.1类: 易燃气体
(如气溶胶或露营用煤气)

第2.2类: 非易燃气体/无毒气体
(如压缩氧气)

第2.3类: 有毒气体
(如一氧化碳)

第3类: 易燃液体
(如溶剂或油漆)

第4.1类: 易燃固体
(如火柴)

第4.2类: 易于自燃的物质
(如磷)

第4.3类: 与水接触会散发出易燃气体物质
(如电石)

第5.1类: 氧化剂
(如肥料)

第5.2类: 有机过氧化物
(如玻璃纤维修理套装)

第8类: 腐蚀品
(如漂白剂或下水道清洗剂)

不可接触的危险品

第6.1类: 有毒物质
(如农药)

第6.2类: 传染性物质
(如血液检查或临床试验样本)

第7类: 放射性物质
(如烟雾探测器)

第9类: 其他危险品物质和物件
(如安全气囊、磁铁、锂电池和干冰)

图 6-2-1 可接触的危险品与不可接触的危险品

常规的锂电池主要有 3 种类型,包括锂金属电池、锂离子电池、同时含有锂金属原电芯和锂离子电芯的电池。联合国《关于危险货物运输的建议书——规章范本》中锂电池组分类体系如表 6-2-1 所示。

表 6-2-1　　　　　　　　　　　锂电池组分类体系

UN 编号	名　称	危险种类
3090	锂金属电池组(包括锂合金电池组)	9
3091	包含在设备中的锂金属电池组(包括锂合金电池组)或与设备包装在一起的锂金属电池组(包括锂合金电池组)	9

续　表

UN 编号	名　称	危险种类
3480	锂离子电池组（包括聚合物锂离子电池）	9
3481	包含在设备中的锂离子电池组（包括聚合锂离子电池组），或与设备包装在一起的锂离子电池组（包括聚合锂离子电池组）	9
3536	安装在货运单元中的锂电池组	9

李伟由上述信息得出，客户委托的这批锂电池属于第 9 类危险品，UN 编号为 3480。

步骤二　查询出口申报要求

近几年，不同程度地发生过一些关于锂电池货物运输的安全事故。另外，在旅客乘坐飞机出行的过程中，也发生过旅客携带的锂电池着火燃烧的事件，严重影响了航空运输的安全性。

多个国家的民航主管部门发布风险提示，要求关注大宗锂电池货物运输的安全问题，强调按相关规章和标准操作。美国联邦航空管理局（FAA）还强调锂电池货物应装载在 C 级货舱，以保证运输安全。

锂电池在出口时应满足《关于危险货物运输的建议书——规章范本》（TDG）、《国际海运危险货物规则》（IMDG）、《国际铁路运输危险货物规则》（RID）、《危险货物国际道路运输欧洲公约》（ADR）、《危险品规则》（IATA-DGR）等有关国际危险货物规则的要求。

目前，出口锂电池产品无须实施出口商品检验，但锂电池产品属于危险货物，按照《中华人民共和国进出口商品检验法》第十七条的规定，为出口危险货物生产包装容器的企业，必须申请商检机构进行包装容器的性能鉴定。生产出口危险货物的企业，必须申请商检机构进行包装容器的使用鉴定。使用未经鉴定合格的包装容器的危险货物，不准出口。为出口锂电池生产包装容器的企业，应当遵守该规定，一般申请材料如下。

①出入境货物包装检验申请单（原件）。

②出入境货物包装性能检验结果单（原件）。

③生产企业厂检合格记录单或者产品符合性声明（原件）。

④出口危险货物危险特性分类鉴别报告（原件）。

⑤出口危险货物销售合同（复印件）。

李伟根据上述要求准备好了出口申报资料。

⊕ 小贴士

锂电池的危险性与其特性有关

锂电池中电解液的有机溶剂往往是易燃液体或者可燃液体，如碳酸亚乙烯酯等。锂电池中阻断正负极接触的隔膜，如果设计有缺陷，隔膜发生熔断就会引起爆炸，如某著名品牌手机被全球召回就是基于该原因。锂电池的外壳如果是软壳可能保护力度不够，如果是钢壳发生排气故障也会导致爆炸。此外，还有锂电池过充、过放等问题导致高温、冒烟、燃烧、爆炸等。

步骤三　办理出境危险货物运输包装使用鉴定结果单

由于锂电池种类众多，在出口之前企业应明确危险类别、UN 编号、包装类别。使用具有出入境货物包装性能检验结果单的包装装好，并自行检验合格后向海关申请使用鉴定。

李伟带着相关资料来到海关窗口办理出境危险货物运输包装使用鉴定结果单，办理流程如图 6 - 2 - 2 所示。

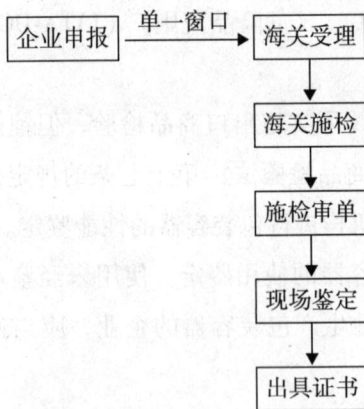

图 6 - 2 - 2　出境危险货物运输包装使用鉴定结果单的办理流程

海关检验合格后签发出境危险货物运输包装使用鉴定结果单，企业拿到此单后就可以向危险货物运输部门申请危险货物运输舱位。

依据相关规定，锂电池主要有以下包装运输要求。

①如果锂电池没有安装在设备中（如安装在手机、照相机、对讲机、笔记本电脑

等），锂电池必须单独包装以防短路，并且还要装于坚固的外包装内。

②如果锂电池没有安装在设备中，每个包装件必须满足以下要求。

a. 每个包装件必须贴有标签，标签上说明内含锂电池及包装件破损时应采取的特殊措施。

b. 每票货必须有随机文件来说明包装件中装有锂电池及包装件破损时应采取的特殊措施。

c. 每个包装件必须能承受任何取向的 1.2m 的跌落试验，不损坏包装件内的锂电池，不改变包装件中锂电池的位置，不致锂电池互相接触或自包装件中漏出。

d. 除非锂电池安装在设备中，否则每个包装件的毛重不得超过 30kg。

③除符合豁免条件的，锂电池作为危险货物，运输时须使用符合 Ⅱ 类危险货物包装要求的包装。

④包装上需要张贴规定的锂电池标签和标记。

⑤电池应当有防短路装置，以及防止意外启动措施，产品应固定在包装内，以免电池移动而导致短路。锂电池（UN 编号为 3481）包装相关标记和标签示例如图 6 – 2 – 3 所示。

锂电池9类标签　　　　　　锂电池标记　　　　　　仅限货机运输标签

图 6 – 2 – 3　锂电池（UN 编号为 3481）包装相关标记和标签示例

由于本批锂电池严格按照国际航协《危险品规则》中的规范要求进行包装，并贴有对应的标签，李伟很快拿到了出境危险货物运输包装使用鉴定结果单。

步骤四　通过 UN 38.3 测试要求

除试验样品外，任何一种型号的锂电池芯或锂电池在交付前，均应通过联合国《关于危险货物运输的建议书——试验和标准手册》第 Ⅲ 部分 38.3 节要求的系列测试（高度模拟、高低温循环、振动试验、冲击试验、外短路试验、撞击试验、过充电试验、强制放电试验等），并提供 UN38.3 检测报告。

李伟委托专业的测试机构对这批锂电池进行测试，并且顺利通过了 UN38.3 测试。

相关机构出具了 UN38.3 检测报告。

小贴士

UN38.3 测试的内容

UN38.3 测试是联合国《关于危险货物运输的建议书——试验和标准手册》中规定的锂电池运输条件。该测试除检测电池的防短路、过充、过放等安全性能外，还模拟运输中的温度、压力、振动、碰撞等条件对电池进行测试。

步骤五　完成航空货运出口操作

1. 预订舱位

李伟根据客户指定的预配舱方案，按航班、日期打印出总运单，向航空公司预订舱位。

2. 配舱

李伟核对货物的实际件数、重量、体积及货物托运书上预报的信息。有效利用、合理搭配预订舱位，按照各航班机型和板箱型号、高度、数量进行配载。

3. 出口报关

李伟制作整理好一套报关资料，包括发票、装箱单、销售合同、代理报关委托书及危险品出口所需的相关资料，向海关发起出口申报。

4. 报关放行

通常，报关完成半小时后，海关电子申报系统便会提示相关人员放行货物。

5. 装板、装箱

李伟安排车队将货物运输到机场货运站，货物验收、称重后由航空公司安排装板、装箱。

6. 航班跟踪

飞机起飞后，李伟需要实时跟踪航班动态信息。如果货物需要中转，航空公司还需要提供二程、三程航班中转信息，确认中转情况。李伟要及时将上述信息反馈给客户，以便遇到不正常情况后及时处理。

7. 货物到港通知

货物到达指定港口后，李伟便通知客户来提货。

任务评价

请根据实际学习情况，给自己打个分吧！

序号	评价内容	满分（分）	得分（分）
1	了解危险品航空货运基础知识	10	
2	了解锂电池出口申报要求	10	
3	了解 UN 38.3 测试	10	
4	掌握危险品分类	10	
5	掌握出境危险货物运输包装使用鉴定结果单的办理流程	10	
6	掌握危险品航空货运出口流程	10	
7	能够根据所学知识模拟危险品航空货运业务	10	
8	具备严谨、认真的工作作风	10	
9	具备遵守各种行为规范和操作规范的意识	10	
10	具备安全意识和危机预防意识	10	
	合计	100	

项目七　航空邮件及包机、包舱、包集装器运输

任务一　航空邮件运输

☀ 任务目标

同学们，本节将带领大家学习航空邮件运输的相关内容，学习结束后你们需要达到以下目标。

知识目标	1. 了解航空邮件运输的原则 2. 了解航空邮件运输的一般规定 3. 了解航空邮件运输的操作流程
技能目标	1. 能够办理航空邮件运输业务 2. 能够填制航空邮运结算单
素养目标	1. 具备良好的服务意识 2. 能利用互联网准确收集并总结有用信息

📍 任务描述

事业部姜经理指派员工李伟给新员工做一次以航空邮件运输为主题的培训。

⧉ 任务要求

请李伟依据要求，完成此次培训。

✕ 任务实施

步骤一　认识航空邮件运输

1. 航空邮件的含义

航空邮件是利用航空运输方式寄递的邮件。按运输优先级分类的国际邮件除了航空邮件，还有水陆路邮件、空运水陆路邮件。

2. 航空邮件运输的原则

航空邮件运输是航空货物运输的重要组成部分，因此，应按照航班计划安全、迅速、准确地组织运输。

①邮件应当按种类用完好的航空邮袋分袋封装。

②邮件内不得夹带危险品及国家禁止运输和限制运输的物品，要确保邮件符合航空安全运输的要求。

③根据邮件运输时限的不同，按照相应的货物运价计收邮件运费。

④承运人运输邮件，仅对邮政企业承担责任。

⑤严禁将邮件中的任何信息泄露给与邮件运输无关的人。

⑥严禁私自打开、损坏、藏匿或销毁邮件，严禁拖、扔、踩踏邮件，或使邮件被雨水淋湿。

步骤二　了解航空邮件运输的一般规定

1. 邮件承运范围

①承运人、航站均接收邮局交运的国内和国际航空邮件。

②为保证飞行安全，邮局不得收寄和交运危险品及航空运输禁止收运的物品。

2. 班期时刻与运送路线

①承运人应将班期时刻、运价等资料按时提供给邮局。如果班期时刻临时变更或有加班飞机等情况，也应随时通知邮局。

②机场值班人员应将载运邮件的飞机的起飞时间和到达时间及时通知邮局，以便邮局按时交接邮件。

③邮件的运送路线要做到运程合理、速度最快。

3. 预留吨位

①机场货运配载部门根据邮局的要求，参照邮件的一般运量，在班机上预留一定吨位，用来载运邮件。在预留吨位数量以内的邮件，应保证当班飞机清运，超出预留吨位数量的邮件，应优于普通货物尽量当班清运，如确实载量不足，应按照"先信函、报纸，后包裹"的顺序发运。

②如因气候等特殊原因造成飞机载量少而需要拉卸邮件时，必须经值班领导批准，未运出的邮件应在下次班机上优先运送。

③如果邮件交运量经常与预留吨位数量相差较大时，应与邮局协商调整吨位。如临时有较大批量邮件交运时，邮局应尽可能与承运人联系，协商解决。

4. 封包要求

①航空邮件应一律用完好的航空邮件袋封袋（用非航空邮件袋封袋时，要加挂"航空"标牌），不得散件交运或用绳索捆扎交运。

②对运往同一通航地点的同类小型邮件袋，应汇封总袋交运。

③航空邮件袋袋牌上的地点要书写清楚、准确，不得使用同音字，字迹不得潦草。对寄往非通航地点的航空邮件，应在航空邮件袋袋牌上加注到达地名。

④联程邮件可以由出站的邮局直接封包寄往到达站。

5. 交接地点

为了减少装卸和交接环节，应请邮局自备交通工具到机场交接邮件。

6. 责任范围

①承运人运输邮件，仅对邮政企业承担责任。

②承运人在承运邮件之后，交付邮件之前，由于承运人原因造成邮件遗失或损毁时，应按照规定负责赔偿。但对保价邮件不负保价责任，而按照普通邮件进行赔偿。

③因不可抗力（如自然灾害等）原因招致邮件损失或毁损时，承运人不负赔偿责任。

④邮件发生遗失、毁损或失窃事故，应尽快查明责任。如属于承运人责任事故，应请邮局书面说明邮件损失情况及应补偿的金额，由承运人将赔偿金交给邮局。非经

济性的补偿则由承运人出具证明，请邮局自行办理补偿手续。

步骤三 认识航空邮件运输的操作流程

1. 始发站工作程序

始发站的工作一般包括以下程序。

①接收邮件。

有下列情况之一的承运人可暂停接收邮件。

a. 出现不可抗力情况。

b. 邮件的件数或重量与邮局提供的数据不符。

c. 某些航线出现货物严重积压或邮件的数量超过航线机型的载运能力。

d. 出现因承运人执行抢险救灾任务或政府指派运输任务而不能保证邮件运输舱位的情况。

e. 机场关闭。

②配载部门应按照货邮发运顺序优先保证邮件运输。

③根据航空邮运结算单制作货邮舱单。

④货邮舱单、航空邮运结算单与航空货运单装入同一业务袋，送上飞机。

2. 目的站工作程序

进港邮件卸回仓库后，目的站工作人员应会同邮局工作人员根据货邮舱单和邮运单核对邮件目的站、件数、重量，检查邮件外包装和封志是否完好，然后与邮局工作人员完成邮件交接工作。

3. 邮件不正常运输处理

（1）少收邮件时的处理方法。

相关人员应立即通知装机站和其他有关航站，同时在货邮舱单上注明，并与邮局进行交接。少收邮件自航班到达之日起 5 日内仍未找到的，相关人员应书面通知装机站和当地邮局。

（2）多收邮件时的处理方法。

相关人员应立即通知装机站和其他有关航站，进行登记后填写交接凭证，交接后将邮件交至邮局。

（3）邮件破损时的处理方法。

①从邮局接收邮件时若发现邮件破损，应立即通知邮局修复或更换包装。

②进港时发现邮件破损，应填写不正常运输记录，并同时在邮运单上注明破损情况，应与邮局进行交接。

（4）运输延误时的处理方法。

货物运输延误时，接收航站应立即通知邮局，并按照邮局的指示进行处理。装机站要求退回的，应在航空邮运结算单上注明，连同邮件一并与邮局进行交接。邮局要求将邮件安排到其他航班运输的，应尽可能安排次日最早的航班运输。

（5）航空邮运结算单丢失时的处理方法。

出港后发现航空邮运结算单丢失时，相关人员应重新填开航空邮运结算单。进港发现航空邮运结算单丢失，相关人员通知装机站及其他有关航站将航空邮运结算单或复印件补运至卸机站，核对无误后交邮局。

（6）邮件漏装时的处理方法。

装机站发现邮件漏装时，相关人员应及时通知卸机站或其他有关航站，并通知邮局，根据邮局的指示安排次日最早的航班运来该漏装邮件或将该漏装邮件退回邮局。

（7）邮件漏卸时的处理方法。

卸机站发现邮件漏卸时，相关人员应立即通知下一卸机站和其他有关航站，并通知邮局，同时在货邮舱单上注明，并与邮局交接，按照漏卸航站的指示处理。

（8）邮件错装时的处理方法。

装机站发现邮件错装时，相关人员应立即通知正确的装机站和其他有关航站，按照正确的装机站的指示处理。

（9）邮件错卸时的处理方法。

卸机站发现邮件错卸时，相关人员应立即通知正确的卸机站和其他有关航站，按照原卸机站的指示将邮件运至正确的卸机站或目的站。

（10）邮件被临时落下时的处理方法。

装机站应立即通知邮局，按照要求处理邮件。

（11）索赔和赔偿时的处理方法。

邮件运输的索赔只能由邮局向承运人提出，承运人对邮局的索赔应根据双方签订的有关协议并参照关于货物赔偿的有关规定进行处理。

4. 填制航空邮运结算单

航空邮运结算单是承运人进行邮件运输的票证，是承运人及其代理人接收和承运邮件、承运人与承运人或承运人与代理人之间收入结算所使用的票证，也是承运人运输邮件的凭证，其作用同航空货运单。航空邮运结算单如表 7 - 1 - 1 所示。

表 7 - 1 - 1　　　　　　　　　　　　航空邮运结算单

××××××××

始发站		目的站		航空邮运结算单
邮件托运局名称、地址：				中国国内航空
电话：　　　　　经办人：				
邮件接收局名称、地址：				始发站航方接收邮件单位及经办人员（签章）：
电话：　　　　　经办人：				制单日期：　　　　制单地点：
承运人		航班/日期	到达站	应分运费
第一承运人：				
第二承运人：				
第三承运人：				
邮件种类（特快、普件）		件数（包括尺寸和体积）	实际重量（kg）	计费重量（kg）
航空运费（元）	费率（元/kg）（特快）		储运注意事项及其他	
	费率（元/kg）（普件）			
总额（元）			到达站交接情况：航方交付单位及经办人（签章）：邮方接收单位及经办人（签章）：	

⊕ 小贴士

航空邮运结算单的填制

①邮件运单号码：由八位数字组成，由民航局统一编制，各承运人通用。

②始发站栏：填写始发站机场所在的城市名称。有两个或两个以上机场的城市应在城市名称后注明机场名称，如上海虹桥、上海浦东。

③目的站栏：填写目的站机场所在城市名称。有两个或两个以上机场的城市应在城市名称后注明机场名称，如上海虹桥、上海浦东。

④邮件托运局名称、地址栏：填写送交邮件的邮局名称、地址、电话和经办人姓名。

⑤邮件接收局名称、地址栏：填写接收邮件的邮局名称、地址、电话和经办人姓名。

⑥承运人栏：分别填写第一承运人、第二承运人或第三承运人的英文两字代码。

⑦航班/日期栏：分别填写第一承运人、第二承运人或第三承运人运输邮件的航班、日期。

⑧到达站栏：填写第一承运人、第二承运人或第三承运人将邮件运达的中转站或目的站。

⑨应分运费栏：填写按规定的分摊办法计算出的各承运人应分得的邮件运费额。

⑩储运注意事项及其他栏：填写邮件在储运过程中需要注意的事项等。

⑪邮件种类栏：填写邮件的具体种类（特快、普件）。

⑫件数栏：填写邮件的件数、尺寸和体积。

⑬实际重量栏：填写称重后得出的邮件的实际重量，以 kg 为单位。

⑭计费重量栏：填写邮件的计费重量，以 kg 为单位。

⑮航空运费栏：填写按规定的运价和邮件的计费重量计算出来的航空运费。

⑯总额栏：填写承运人应收取的费用总额。

⑰始发站航方接收邮件单位及经办人员（签章）栏：填写制单的具体日期、地点、接收邮件的承运人的具体单位名称及经办人等，同时加盖制单单位专用公章。

⑱到达站交接情况栏：邮件运达目的站后，承运人向目的站邮局交付邮件时双方共同填写后签字、盖章，用于备查。

5. 航空邮运结算单的用途

一般，航空邮运结算单一式七联，航空邮运结算单的用途如表7-1-2所示。

表7-1-2　　　　　　　　　　　　航空邮运结算单的用途

联号	名称	颜色	用途
第一联	财务联	淡绿色	作为记账凭证
第二联	结算联	淡蓝色	作为结算凭证
第三联	目的站联	淡粉色	目的站核查备用
第四联	第一承运人联	淡橙色	第一承运人核查备用
第五联	中转联	淡粉色	中转机场核查备用
第六联	第二承运人联	淡黄色	第二承运人核查备用
第七联	存根联	白色	接收邮件方核查备用

🏠 任务评价

请根据实际学习情况，给自己打个分吧！

序号	评价内容	满分（分）	得分（分）
1	了解航空邮件的含义	10	
2	了解航空邮件运输的原则	10	
3	了解航空邮件运输的一般规定	10	
4	了解航空邮运结算单的填制方法	10	
5	掌握办理航空邮件运输的流程	10	
6	掌握邮件不正常运输情况的处理方法	10	
7	能够根据所学知识模拟航空邮件运输业务	10	
8	具备强烈的服务意识	10	
9	具备遵守各种行为规范和操作规范的意识	10	
10	具备快速查找并提炼有效信息的能力	10	
	合计	100	

任务二 包机、包舱、包集装器运输

任务目标

同学们，本节将带领大家学习包机、包舱、包集装器运输的相关内容，学习结束后你们需要达到以下目标。

知识目标	1. 了解包机运输的含义 2. 了解包舱运输的含义 3. 了解包集装器运输的含义
技能目标	1. 能够区分包机、包舱、包集装器运输 2. 能够办理包机、包舱、包集装器运输业务
素养目标	1. 具备良好的沟通能力和团队合作精神 2. 能利用互联网准确收集并总结有用信息

任务描述

事业部姜经理指派员工李伟给新员工做一次以包机、包舱、包集装器运输为主题的培训。

任务要求

请李伟依据要求，完成此次培训。

任务实施

步骤一 认识包机运输

包机运输是指包机人包用承运人整架飞机运输货物或邮件的一种运输形式。包机人和承运人协商同意后，签订包机合同。

1. 受理包机运输的程序

（1）申请包机。

托运人须凭单位介绍信或个人有效身份证件与承运人联系，说明包机运输的任务性质、包用机型、架次、使用日期和航程等事项，并协商包机运输条件。经双方协商包机运输条件后，签订包机运输合同。

（2）执行包机运输合同。

执行包机运输合同时，每架次包机货物应当填制一份或几份航空货运单，航空货运单和包机运输合同作为包机的运输凭证。包机人与承运人应当履行包机运输合同规定的各方应承担的责任和义务。包机人应当按约定的时间将货物送到指定机场，自行办理检验检疫、报关等手续后，接着办理货物托运手续。

包机运输危险品、活体动物、鲜活易腐货物等特种货物时，要遵守相应的规则和要求。包机人和承运人可视货物的性质确定押运员，押运员凭包机运输合同办理机票并按规定办理乘机手续。

一般情况下，如有特殊装卸需求，应当由托运人自行解决，承运人或其代理人要负责在现场指导。

（3）包机运输吨位的利用。

包机运输的载运量，由承运人根据包机人包用的机型和飞机的航程确定，包机人可以充分利用包用的吨位。承运人如需利用包机剩余吨位应与包机人协商。

对于包用飞机的剩余吨位，包机人不得擅自决定将其用于载运其他货物。承运人需要时，应征得包机人的同意，承运人可组织货源，吨位及费用由双方协商解决。

2. 包机运输费用

（1）包机运输费用的内容。

①用于载运货物的包机飞行费用。

②执行包机运输任务而产生的事前、事后调机费。

③执行包机运输任务期间的留机费。

④货物的声明价值附加费。

（2）包机运输收费标准。

包机运输收费标准按飞机最大起飞重量计费，每天飞行不足 2 小时按 2 小时计收最低包机运输费用。

（3）包机运输费用的计算。

一般，包机运输费用按各机型每千米费率乘以计费里程计费，特殊情况下按各机型每小时费率乘以实际飞行时间计费。

（4）包机运输调机费用的计算。

调机费用按包机飞行每小时费率的50%计收。

（5）包机运输留机费用的计算。

包机人要求包机停留，停留时间在1小时内不收取留机费用；凡超过1小时的，从第2小时起，每停留1小时按包机飞行每小时费率的20%计收留机费用；不是基于包机人原因需停留的，不收留机费用。

3. 包机运输变更

包机运输合同签订后，除天气或其他不可抗力的原因外，包机人和承运人均应当承担包机运输合同规定的经济责任。

包机人提出变更包机运输要求前，承运人因执行包机任务已发生调机的有关费用，应当由包机人承担。

由于承运人原因，超过规定起飞时间，而在3小时内起飞，按合同规定的全部费用的90%收取；超过3小时，在6小时内起飞，按合同规定的全部费用的80%收取；超过6小时，在24小时内起飞，按合同规定的全部费用的70%收取；超过24小时起飞，按合同规定的全部费用的50%收取。由于承运人原因取消包机运输合同的，按合同规定的全部费用的50%赔偿包机人。

4. 退包费

包机人可以在包机航班执行飞行任务前24小时，以书面的形式通知承运人取消航班，但应向承运人支付退包费，退包费由承运人从包机运输费用中扣减。

因此，包机时一定要准确地预测市场，综合考虑物流成本，注意各个流程环节的合理性，才能避免增加不必要的成本。

步骤二　认识包舱运输

包舱运输是指托运人在一定航线上包用承运人全部或部分货舱运输货物的运输形式。包舱人可以在一定时间内或一次性包用承运人在某条航线或某个航班上的全部或部分货舱，并与承运人签订包舱合同。

1. 包舱运输凭证

每次包舱运输应当填制一份或几份航空货运单，航空货运单与包舱运输合同作为包舱运输凭证。航空货运单在填制时，收货栏内只能填写一个收货人，操作注意事项栏内注明"包舱运输"及包舱运输合同号码，并且包舱运输的货物件数应如实填写在航空货运单上。

2. 包舱运输货物的托运

包舱人应按约定的时间将货物运送到指定机场，自行办妥检验检疫等手续后再办理托运手续。

3. 舱位限制

包舱货物的实际重量和体积不得超过包舱运输合同中规定的最大可用业载和体积，否则，承运人有权拒绝运输，造成的损失由包舱人承担。

4. 特种货物的包舱运输

特种货物的包舱运输，必须按照 IATA 和相关国家的有关规定操作。

5. 注意事项

①航班在起飞前或到达后，由于包舱人或其受雇人的原因，飞机延误，由此对承运人造成损失的，包舱人应承担赔偿责任。

②包舱人在飞机起飞前取消、变更包舱计划，造成承运人损失的，应承担赔偿责任。

③除天气或其他不可抗力原因外，合同双方应当履行包舱运输合同规定的各自承担的责任和义务。

④包舱人应保证托运的货物没有夹带危险品或政府禁止运输或限制运输货物。

⑤由于不可抗力原因，导致包舱运输合同不能履行的，承运人不承担责任。

⑥无论何种原因，一方不能如期履行合同时，应及时通知对方。

⑦包舱运输合同中的未尽事宜，按照承运人的业务规定办理。

步骤三 认识包集装器运输

1. 包集装器运输的含义

包集装器运输是指拥有批量相对较大、数量相对稳定货源的托运人在一定时期内、一定航线或航班上包用承运人一定数量的集装板或者集装箱运输货物的运输形式，也称包板（箱）运输。

2. 包集装器运输凭证

集装器包用人可以一次性包用承运人在某条航线上或某个航班上的全部或部分集装器，并签订包集装器运输合同。

包集装器运输货物必须填写航空货运单，航空货运单与包集装器运输合同作为运输的凭证。航空货运单在填制时，应在收货人栏内填写一个收货人，操作注意事项栏内注明"包集装器运输"及包集装器运输合同号码，包集装器运输的货物件数也应如实填写在航空货运单上。如果集装器包用人在目的站有固定的代理人为其办理货物分拨手续，可将包用的集装器数量作为货物件数填写在航空货运单上，在航空货运单品名栏内注明各集装器编号，在操作注意事项栏内注明"包集装器运输"及包集装器运输合同号码。

3. 注意事项

①如果所包集装器不够用，余下货物应按正常手续办理散货运输手续。

②包集装器运输一般只限于直达航班。

③如果一票货物需包用两个或两个以上集装器运输，且根据合同最低计费标准计费，该票货物的最低计费重量为包用的每一个集装器的最低计费重量之和。

④托运人应按规定的时间将货物运送到机场，自行办妥检验检疫、报关等手续后办理货物托运手续。

⑤集装器包用人对自己组装的集装器货物件数、包装情况负责。除公司责任原因外，公司对货物在运输过程中发生的货物短少、损坏等不承担责任。

⑥特种货物的包集装器运输，必须按照 IATA 和相关国家的有关规定操作。

⊕ 小贴士

除包机运输、包舱运输、包集装器运输三种方式，还有集中托运、航空急件运输、集装箱运输等运输方式。

集中托运是托运人将零散、若干小批货物，组成一个整批货物进行运输的一种方式。这种运输方式的好处就是利用货量的优势，能降低运输成本。

航空急件运输，顾名思义，就是运输比较紧急的货物。例如，一些救援医疗器械、核心零件的图纸文件等。这种运输方式的优点在于时效快，缺点是运价高。

集装箱运输是将货物装进集装箱，然后通过空运的方式将货物运往各地的一种运输方式。这种运输方式的优点在于运输效率高、装卸便捷、周转快。

🏠 任务评价

请根据实际学习情况，给自己打个分吧！

序号	评价内容	满分（分）	得分（分）
1	了解包机运输的含义	10	
2	了解包舱运输的含义	10	
3	了解包集装器运输的含义	10	
4	掌握受理包机运输的程序	10	
5	掌握包舱、包集装器运输各自的特点和注意事项	10	
6	掌握包机运输费用的内容	10	
7	能够根据所学知识模拟包机、包舱和包集装器运输业务	10	
8	具备强烈的团队合作精神，积极参与小组活动	10	
9	具备遵守各种行为规范和操作规范的意识	10	
10	具备运用批判策略和创造策略从多方面考虑问题的能力	10	
	合计	100	

参考文献

［1］陈文玲．民航货物运输［M］.2 版．北京：中国民航出版社，2010.

［2］王吉寅，张桥艳．民航货物运输［M］.重庆：重庆大学出版社，2017.

［3］刑爱芬．民用航空法教程［M］.北京：中国民航出版社，2007.

［4］李军玲．国际货运基础教程［M］.北京：中国民航出版社，2000.

［5］中国航空运输协会．民航货物运输：中级［M］.北京：中国民航出版社有限公司，2020.